MANUEL D'EDUCATION COMPORTEMENTALE CLINIQUE

 *PSYCHOLOGIE ET SCIENCES HUMAINES*

Ghislain Magerotte

manuel d'éducation comportementale clinique

PIERRE MARDAGA, ÉDITEUR
2, GALERIE DES PRINCES, 1000 BRUXELLES

© Pierre Mardaga, éditeur
37, rue de la Province, 4020 Liège
2, Galerie des Princes, 1000 Bruxelles
D. 1984-0024-17

Au Professeur Jean Cordier qui, bien que n'étant pas comportementaliste, m'a fait confiance.

Aux personnes handicapées, aux étudiants de la Faculté des Sciences Psychopédagogiques de l'Université de Mons-Hainaut, aux praticiens de l'éducation spéciale et à mes collaborateurs avec lesquels j'ai le plaisir d'apprendre.

A mon épouse et mes enfants, pour leur longue patience.

Introduction

Ce manuel d'éducation comportementale clinique a été mis au point dans un contexte particulier, que nous devons vous présenter brièvement, car il en fixe les objectifs et le contenu, et en oriente le «mode d'emploi». Il est en effet le fruit de plusieurs années d'enseignement à la Faculté des Sciences Psychopédagogiques de l'Université de Mons-Hainaut (Belgique), dans le cadre de la formation des licenciés en psychopédagogie à leur fonction d'orthopédagogue ou de conseiller pour l'éducation des personnes handicapées et inadaptées. Il concerne donc les concepts de base, la méthodologie et les procédures d'intervention comportementale, qui sont les plus pertinents dans une optique éducative. Il vise à vous rendre capable d'énoncer et d'expliquer les principes de base et les caractéristiques de l'approche comportementale opérante, d'analyser les situations éducatives à l'aide de ce modèle, de présenter d'une manière nuancée les principales procédures d'intervention et leurs conditions d'emploi et de mettre au point un programme d'éducation comportementale clinique pour une personne présentant un handicap ou des difficultés d'adaptation.

Il faut remarquer d'emblée que ce manuel n'ambitionne pas expressément l'acquisition de compétences pratiques, qui devraient faire de vous de «bons» éducateurs comportementalistes; la réalisation d'un tel objectif exige en effet non seulement l'application et l'évaluation de plusieurs programmes d'intervention, mais aussi une supervision étroite «sur le terrain», qui puisse attester de la présence de ces compétences pratiques. Ce qui bien évidemment dépasse le cadre de cet ouvrage.

De plus, nous n'avons ici aucune prétention encyclopédique. Ce manuel ne présente pas un état de la question complet et exhaustif des théories et pratiques comportementales, mais vise uniquement à vous assurer la formation de base en approche comportementale opérante, qui vous permettra d'accéder de plain-pied à la littérature scientifique internationale, en fonction de vos besoins spécifiques. Formation de base, donc, mais aussi formation à l'essentiel! Nous insistons en effet sur le fait que l'éducation comportementale clinique ne se résume pas à quelques principes simplistes ou à une panoplie de recettes ou procédures toutes faites qu'il suffirait d'appliquer. L'essentiel, c'est la méthodologie: l'intervention comportementale est avant tout une façon de poser les problèmes d'éducation et de les résoudre.

Aussi, dès le chapitre 1, nous abordons cet aspect, en définissant les caractéristiques de la démarche comportementale: expérimentale, scientifique, clinique et intégrée dans une éthique. Puis, nous présentons les principes généraux de l'éducation comportementale clinique — un chapitre fondamental —, ainsi que ses différentes étapes et le raisonnement qui les sous-tend. Nous détaillons ensuite, et de façon chronologique, ces différentes étapes, depuis la fixation des priorités éducatives (chapitre 3) jusqu'à la communication des résultats et la rédaction du rapport final (chapitre 14). Nous conseillons donc au lecteur qui désire acquérir une formation sérieuse en éducation comportementale clinique de ne pas isoler ces chapitres les uns des autres, afin de ne pas perdre de vue le raisonnement qui leur est sous-jacent. Quant aux derniers chapitres, les chapitres 15, 16 et 17, ils peuvent être considérés isolément. Nous voudrions cependant attirer votre attention d'entrée de jeu sur le Système Personnalisé de Formation de Keller, présenté au chapitre 17. Vous pouvez en effet considérer cet ouvrage comme n'importe quel ouvrage de psychologie ou de pédagogie et l'aborder de la façon qui vous est propre. Sachez cependant que ce manuel a été mis au point dans le cadre d'un enseignement dispensé selon les principes de Keller et qu'il peut donc être utilisé dans cette optique[1].

---

[1] Les lecteurs intéressés par le Système Personnalisé de Formation de Keller peuvent consulter le chapitre 17 du présent manuel et obtenir tous renseignements complémentaires en s'adressant à l'auteur au Département d'Orthopédagogie, 24, rue des Dominicains, B-7000 Mons, Belgique.

Enfin, en vue de vous permettre de poursuivre votre formation, nous avons inclus une annexe intitulée «Pour en savoir davantage sur l'approche comportementale et l'éducation comportementale clinique», qui vous fournit les références d'un certain nombre de revues scientifiques, d'ouvrages, d'associations scientifiques et de programmes d'apprentissage, ainsi qu'un lexique des principaux termes employés.

Chapitre 1
L'éducation comportementale clinique. Quelques exemples en guise d'introduction

1. Un peu d'histoire

La démarche comportementale en éducation est issue principalement des recherches de B.F. Skinner sur le comportement et ses relations avec l'environnement. Les premiers travaux en laboratoire ont porté essentiellement sur des *comportements d'animaux* auxquels on a appris, par exemple, à appuyer sur un levier pour obtenir une boulette de nourriture (rat) ou à donner un coup de bec à un endroit déterminé (pigeon). Rapidement, cependant, dès le début des années 50, les chercheurs se sont intéressés aux *comportements humains*, et en premier lieu aux comportements des sujets *gravement handicapés*, placés en institution résidentielle depuis souvent de nombreuses années: schizophrènes, autistes, arriérés profonds notamment. Ils ont, à cette occasion, montré qu'on pouvait accroître considérablement les répertoires comportementaux de ces sujets en changeant, selon certaines règles, les événements se produisant *immédiatement après ces comportements*. On a ainsi appris à des arriérés mentaux profonds à lever le bras sur demande (Fuller, 1949), à acquérir la propreté sphinctérienne (Ellis, 1963), à imiter des gestes (Baer, Peterson et Sherman, 1967). Ces travaux ont eu un impact considérable sur les pratiques éducatives, car ils ont montré que *certains sujets gravement handicapés et considérés souvent comme des «cas désespérés» pouvaient faire des progrès considérables, si une aide appropriée leur était apportée*.

Par la suite, un certain nombre de chercheurs ont appliqué cette méthodologie à des sujets moins handicapés et à des sujets *normaux*. En même temps, ils ont montré qu'il était possible de réaliser des interventions comportementales en «milieu *naturel*» (famille, école, etc.) en faisant appel aux «éducateurs *naturels*» (parents, maîtres, etc.). Ainsi Ayllon et Michael ont démontré dès la fin des années 50, que des «techniciens psychiatriques» pouvaient appliquer efficacement cette méthodologie dans une institution psychiatrique. Citons également les travaux de Bijou, Baer et Wolf, dans les classes maternelles (Harris, Wolf et Baer, 1964). Depuis la fin des années 60, ce mouvement a véritablement pris son essor, du moins dans les pays anglo-saxons, ainsi qu'en témoigne la publication d'un nombre de plus en plus important d'articles et de revues.

Dans les pays de langue française, par contre, le comportementalisme a, jusqu'à ces dernières années, été du domaine quasi exclusif des chercheurs universitaires, intéressés par la psychologie de l'apprentissage (Richelle, 1966, par exemple). Il y avait certes des praticiens comportementalistes, mais ils étaient peu nombreux et intéressés avant tout par les thérapies comportementales d'adultes. Ce n'est que depuis une dizaine d'années que l'intérêt pour l'éducation comportementale s'est manifesté plus nettement, tant au Québec que dans les autres pays européens francophones (par ex. Coté et Plante, 1976; Fontaine, 1978; Forget, 1980; Ladouceur et Begin, 1980; Ladouceur, Bouchard et Granger, 1977; Malcuit et Pommerleau, 1977; Malcuit, Granger et Larocque, 1972; Magerotte, 1976, 1980; Seron, Lambert, Van der Linden, 1977).

2. Comment apprendre à Dicky à porter des lunettes

Nous présentons ci-dessous, à titre d'exemple, un fragment d'un travail publié en 1964 par Wolf, Risley et Mees et visant à apprendre à Dicky, enfant dit autiste, à porter des lunettes.

(...) Dicky se développa normalement jusqu'à l'âge de 9 mois; à ce moment, on constata qu'il présentait une cataracte aux deux yeux. A cette époque, des crises de colère importantes et des troubles du sommeil apparurent. Pendant sa deuxième année, Dicky subit une série d'interventions aux yeux, ce qui l'obligea à porter des lunettes. Ses parents tentèrent pendant plus d'un an de les lui faire accepter, mais en vain. Pendant toute cette période, Dicky fut examiné par différents spécialistes qui diagnostiquèrent tantôt une arriération mentale, tantôt une lésion cérébrale diffuse et locale, ou encore une psychose avec possibilité d'ano-

malies supplémentaires comme l'idiotie phénylpyruvique et l'hyperthyroïdisme. On recommanda même son placement en institution pour arriérés, vu le pronostic défavorable.

(...) Il fut admis à l'âge de trois ans dans un hôpital psychiatrique pour enfants, avec un diagnostic de schizophrénie infantile. Après 3 mois d'hospitalisation, le rapport final faisait état d'une légère amélioration sur le plan de la schizophrénie mais ne signalait aucun progrès quant au port des lunettes. Quelques mois plus tard, l'ophtalmologue déclara que Dicky perdrait à jamais la vision maculaire, et ce, endéans les 6 mois, s'il ne portait pas les lunettes prescrites. C'est à ce moment que les auteurs de ce rapport furent consultés par le personnel de l'hôpital en vue de mettre au point une méthode pour amener Dicky à accepter ses lunettes.

Nous avons d'abord observé pendant 30 minutes le comportement de Dicky en présence de sa mère et nous avons assisté à une suite quasi ininterrompue de crises de colère. Nous avons alors recommandé la réadmission de Dicky à l'hôpital en vue de le séparer temporairement de sa mère et de traiter ses crises de colère, tout en l'habituant à porter ses lunettes.

Nos suggestions furent appliquées par les éducateurs et les parents, tant à l'hôpital qu'à la maison. Nous avons bien sûr donné certaines indications générales, mais nous avons également précisé dans le détail les comportements et les événements du milieu à mentionner dans le rapport de Dicky et dans les notes que les parents devaient nous fournir.

(...) C'est principalement à la technique du façonnement qu'on eut recours pour amener Dicky à porter ses lunettes. L'éducateur chargé d'appliquer cette méthode devait demeurer avec Dicky dans sa chambre pendant 20 minutes, et ceci 2 à 3 fois par jour.

(...) Puisque Dicky avait porté au moins une fois et pendant quelques instants les lunettes prescrites et les avait ensuite enlevées, on en déduisit que le fait de les porter n'était pas renforçant pour lui. Les verres pouvaient même être légèrement aversifs puisqu'ils changeaient de façon radicale tous les stimuli visuels, en même temps qu'ils forçaient les yeux à une plus grande accommodation. De plus, les lunettes étaient associées au souvenir d'une contrainte physique subie antérieurement par Dicky, lorsqu'on voulait qu'il les porte.

C'est pour cette raison que nous avons décidé de ne pas commencer directement l'éducation de Dicky avec les verres appropriés. Nous avons disposé dans sa chambre plusieurs montures sans verres et l'avons renforcé quand il approchait les montures de plus en plus près de ses yeux.

Notre idée de base était la suivante: à partir du moment où Dicky consentirait à porter les montures vides, nous y introduirions progressivement des verres normaux, pour ensuite en venir, en trois étapes, aux verres prescrits. Mais en fait, les choses ne se déroulèrent pas exactement de cette façon: notre éducateur rencontra des difficultés considérables, car Dicky ne voulait pas porter les montures convenablement; il plaçait les branches en dessous des oreilles et non au-dessus. En outre, il était impossible d'aider Dicky à placer correctement les montures, car il se fâchait chaque fois qu'on le touchait à la tête.

La lenteur des progrès était probablement due à deux facteurs. D'une part, l'éducateur, pourtant très bien disposé, n'avait que peu d'expérience de la technique du façonnement et ne l'appliquait pas parfaitement.

De plus, le personnel du pavillon ne voulant pas priver Dicky de nourriture, nous avons dû commencer nos séances à l'aide de renforçateurs tels que des fruits et des bonbons; or, il apparut très vite que ces renforçateurs n'avaient que peu de valeur pour Dicky.

Après deux semaines, nous nous sommes servis du petit déjeuner pour le façonnement: la nourriture lui était donnée par petits morceaux s'il portait de mieux en mieux les lunettes. Deux semaines plus tard, nous avons allongé les branches des lunettes et ajouté une tige mobile à placer au-dessus de la tête pour faciliter la mise en place des deux branches au-dessus des oreilles.

A la fin de la cinquième semaine, Dicky ne portait toujours pas la monture convenablement. Nous, qui n'avions jamais antérieurement procédé nous-mêmes au façonnement chez cet enfant, sommes alors intervenus durant une grande partie de la journée et avons réalisé nous-mêmes la procédure de façonnement.

On ajouta une seconde tige à l'arrière des lunettes; celles-ci se présentaient comme un bonnet, ce qui devait empêcher Dicky de les perdre. Comme d'habitude, la séance du petit déjeuner ne donna pas de brillants résultats. On profita aussi du repas de midi, mais toujours sans succès.

Un peu plus tard, vers deux heures de l'après-midi, nous procédâmes à une troisième séance. Dicky avait très peu mangé ce jour-là, uniquement quelques céréales sèches et il avait l'air très intéressé par la crème glacée que nous avions apportée. Nous avions aussi décidé d'essayer les verres prescrits. Dès le début de la séance, il apparut que les renforçateurs utilisés, à savoir la nourriture, étaient bien plus puissants que ceux employés précédemment durant la journée. Dicky avait les lunettes tout le temps avec lui; il les rapprochait souvent de son visage mais ne les plaçait pas encore convenablement. Toutefois comme son comportement était proche de celui qu'on attendait de lui, il devenait facile de renforcer séparément les deux aspects du port des lunettes: d'une part, placer directement les branches au-dessus des oreilles et d'autre part, regarder au travers des verres. Après environ 30 minutes, Dicky portait les lunettes convenablement, les branches placées au-dessus des oreilles et les lunettes posées sur le nez, et regardait au travers des verres les objets que l'ont avait disposés dans sa chambre en vue d'encourager son comportement d'observation. A partir de ce moment, les progrès furent rapides et Dicky porta ses lunettes constamment durant les repas qu'il prenait dans sa chambre.

Dicky ayant appris à porter les lunettes, il devenait possible de maintenir ce comportement à l'aide d'autres renforçateurs moins manipulables. Par exemple, l'éducateur lui disait: «Mets tes lunettes et nous partons en promenade». En principe, on exigeait de Dicky qu'il porte ses lunettes pendant les repas, les collations, les déplacements en voiture, les promenades, les jeux à l'extérieur, etc. S'il les enlevait, on arrêtait immédiatement l'activité en cours.

L'évolution quant au port des lunettes est présentée dans le graphique ci-après. Au moment de son départ de la clinique, Dicky avait porté

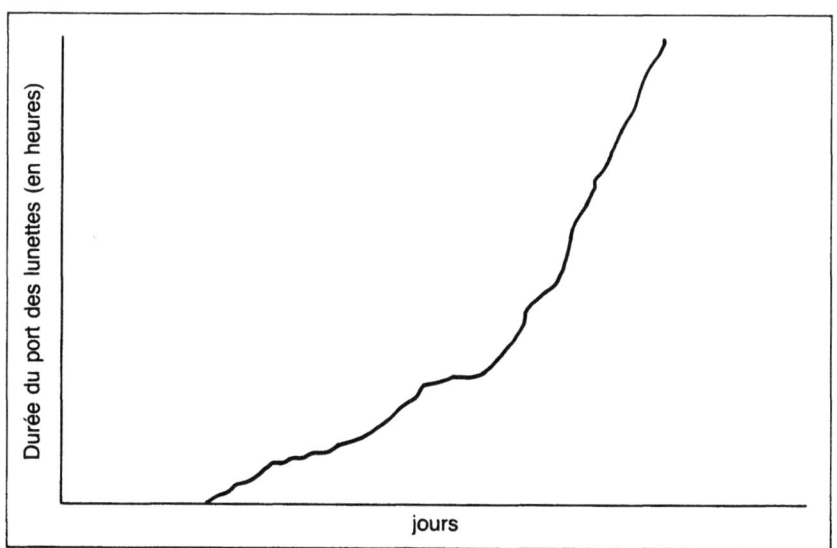

Fig. 1.1. Graphique des fréquences cumulées montrant l'effet du renforçateur positif (bouchées de nourriture, etc.) sur le port des lunettes, chez un garçon autiste hospitalisé d'âge préscolaire (Modifié d'après Wolf, Risley et Mess, 1964).

les lunettes pendant plus de 600 heures et les avait gardées en moyenne 12 heures par jour.

3. Caractéristiques de l'éducation comportementale clinique

Au départ de cet exemple, nous pouvons dégager et illustrer les principales caractéristiques de la démarche comportementale appliquée à l'éducation.

• *Première caractéristique*: L'intervention vise à changer le *comportement* de Dicky, c'est-à-dire à lui faire porter ses lunettes. Remarquez que les auteurs n'essayent pas avant tout de déterminer la catégorie symptomatologique ou étiologique à laquelle Dicky pourrait appartenir, mais bien plutôt de préciser les comportements posant problème et sur lesquels il importe d'agir. Ils signalent même que Dicky avait été considéré tantôt comme arriéré, psychotique ou encore présentant une lésion cérébrale.

De plus, si théoriquement la démarche comportementale peut porter sur n'importe quel comportement, il est clair qu'appliquée dans un but éducatif, elle vise à changer des comportements *importants et même essentiels pour le sujet*, et souvent aussi pour son entourage. Ainsi, s'il continue à ne pas porter ses lunettes, Dicky risque de devenir totalement aveugle.

Elle s'efforce également de s'assurer que *les progrès réalisés se maintiennent et se généralisent à d'autres environnements*. Ainsi, les auteurs signalent dans un second rapport que Dicky continue à porter ses lunettes chez lui, six mois après la fin du traitement.

• *Deuxième caractéristique*: L'intervention comportementale est *expérimentale*, en ce sens qu'elle s'appuie sur *une analyse minutieuse du comportement du sujet et des conditions d'environnement jugées responsables de l'apparition ou non de ce comportement*. Cette analyse débouche sur une *hypothèse* — qui n'est cependant pas toujours formulée explicitement — en fonction de laquelle le comportementaliste opère le *choix de ses procédures*. L'application du programme d'intervention ainsi mis au point et son évaluation permettent de *vérifier ou non l'hypothèse posée*.

Dans le cas de Dicky, les auteurs ont procédé à une observation de l'enfant en présence de sa mère et à une anamnèse détaillée, qui les ont conduits à recommander certaines mesures: placement de Dicky en hôpital, vu la nécessité d'agir simultanément sur le port des lunettes et les crises de colère; recours à des verres ordinaires puis de plus en plus proches des verres correcteurs adéquats, afin de ne pas rappeler à Dicky les expériences aversives antérieures liées à une perception altérée du milieu et à l'obligation d'une accommodation très grande; association des progrès réalisés à des situations agréables comme la nourriture, etc. L'évaluation permanente des progrès réalisés permet aux auteurs d'adapter en permanence le choix des renforçateurs alimentaires (nourriture et crème glacée plutôt que bonbon ou fruit) et les conditions de travail (ajout de tiges aux lunettes; un expérimentateur remplace l'éducateur pour la procédure de façonnement), de façon à obtenir les progrès visés.

• *Troisième caractéristique* : Le comportementaliste n'est pas uniquement préoccupé d'efficacité : il ne veut pas seulement atteindre les objectifs qu'il s'est fixés mais aussi participer à la construction d'un *savoir scientifique*. Aussi, il adopte non seulement une démarche expérimentale telle que nous venons de la définir, mais de plus, il se conforme à certaines règles qui garantissent le caractère scientifique de sa démarche. Ainsi, il s'assure que ses observations sont confirmées par d'autres, en procédant à des *calculs de fidélité*. *Il définit avec une précision maximale les procédures qu'il utilise*, ici le façonnement (ce terme sera défini ultérieurement; disons simplement qu'il désigne une procédure dans laquelle on renforce un comportement qui se rapproche de plus en plus du comportement-cible), *ainsi que leurs conditions d'application* (quand, par qui, pendant combien de temps, etc.) de façon à permettre une vérification ultérieure, en particulier par d'autres chercheurs.

Il utilise enfin — et ceci sera illustré dans l'exemple suivant — des *stratégies de vérification de la causalité*, qui lui permettent de conclure ou non que les progrès enregistrés sont bien dus au programme appliqué, et non à quelque autre changement concomitant non contrôlé.

• *Quatrième caractéristique* : Tout en ayant une démarche expérimentale et scientifique, l'éducateur comportementaliste se définit comme un *clinicien*. Il se réfère bien sûr à des lois de l'apprentissage, mais il s'efforce en même temps de les appliquer *aux caractéristiques individuelles de chaque sujet*. D'où son intérêt pour *l'observation directe du sujet* dans son milieu naturel; d'où également sa préférence pour des approches scientifiques de vérification de la causalité qui correspondent à ses conditions de travail, à savoir les *modèles à cas unique* (ceci sera illustré dans l'exemple suivant et détaillé au chapitre 13). Enfin, quand il s'efforce d'évaluer si les progrès obtenus sont satisfaisants, il ne se réfère pas uniquement à une quelconque norme abstraite, mais bien aux *exigences concrètes qui sont celles du sujet et de son environnement* : le sujet est-il satisfait de ses progrès ? Son environnement direct l'est-il aussi ?

• *Cinquième caractéristique* : L'éducateur comportementaliste ne se contente pas d'adopter une démarche scientifique. Encore faut-il qu'elle soit conforme à certaines *règles éthiques*. Celles-ci concernent tant le choix des objectifs visés que les méthodes d'intervention. Nous reviendrons plus en détail sur ce point au paragraphe 5 et dans la suite de cet ouvrage.

4. Comment améliorer le rendement d'un élève en problèmes ?

Voici une autre intervention, portant cette fois sur les *apprentissages scolaires* et visant plus particulièrement une *amélioration du travail personnel d'un élève*. Elle nous apprend comment amener un garçon de troisième année à solutionner correctement davantage de problèmes, en utilisant l'approbation des camarades et la possibilité de jouer le rôle de chef de classe (Hall, Copeland et Clark, in Haring et Schiefelbusch, 1976, 172-174).

Il s'agit d'un élève de troisième année, John, qui fréquente une école primaire ordinaire et qui, tout en participant activement et de façon efficace aux activités scolaires de groupe, éprouve de grandes difficultés à travailler seul. Lorsqu'il doit faire un travail seul, il passe son temps à autre chose : il joue avec son peigne, roule un crayon sur le bureau, fait des avions ou dessine des voitures.

Estimant qu'il s'agit là d'un problème grave, le maître décide de se focaliser sur cet aspect et d'apprendre à John à travailler plus longtemps seul. Il choisit la leçon de calcul, ayant remarqué en effet que John comprend bien la tâche à faire et est capable de la réaliser, mais ne s'y tient que très peu de temps.

Par ailleurs, le maître avait remarqué que John était particulièrement sensible à l'influence de ses camarades, puisque en groupe il travaillait bien.

Sur base de ces observations, le maître prépare donc des travaux à faire individuellement par les élèves et explique à John qu'il sera « chef de classe » s'il termine ses problèmes d'arithmétique. De plus, ses camarades le féliciteront dans les mêmes conditions.

Quant à l'évaluation, le maître procède d'abord à un contrôle avant de commencer l'expérience : au cours de quinze sessions, John réussit correctement 18 % des problèmes, en moyenne. Le maître procède également à une évaluation pendant toute la durée de l'intervention et reporte ses résultats sur un graphique (fig. 1.2.).

Les résultats obtenus durant la ligne de base 1 (c'est-à-dire avant que l'intervention n'ait lieu) oscillent autour de 18 %. Du 20e au 30e jour, le maître applique son programme et constate que le pourcentage de problèmes correctement solutionnés grimpe à 100 % et ne descend qu'une seule fois à 80 %. Il arrête ensuite l'application du programme, en confiant le rôle de «chef» à un autre enfant, et constate la chute du pourcentage de problèmes correctement solutionnés par John: le pourcentage moyen tombe à 21 %. Du 36e au 41e jour, il fait à nouveau appel à son programme: John est félicité par ses camarades et autorisé à être le «chef» et animer le groupe s'il termine son activité individuelle. Le pourcentage de bonnes réponses atteint 100 % pendant 5 jours. Cette alternance des phases «non-intervention» et «intervention» prouve que le comportement de John est bien fonction du programme appliqué.

Remarque: on observera que du 16e au 19e jour, le maître avait déjà introduit une modification, qui après quelques jours s'était révélée peu efficace. Il avait expliqué à John que s'il terminait 60 % de ses problèmes il recevrait une carte qu'il pourrait échanger chez lui contre une «surprise». John réagit positivement le premier jour, mais dès le 4^e

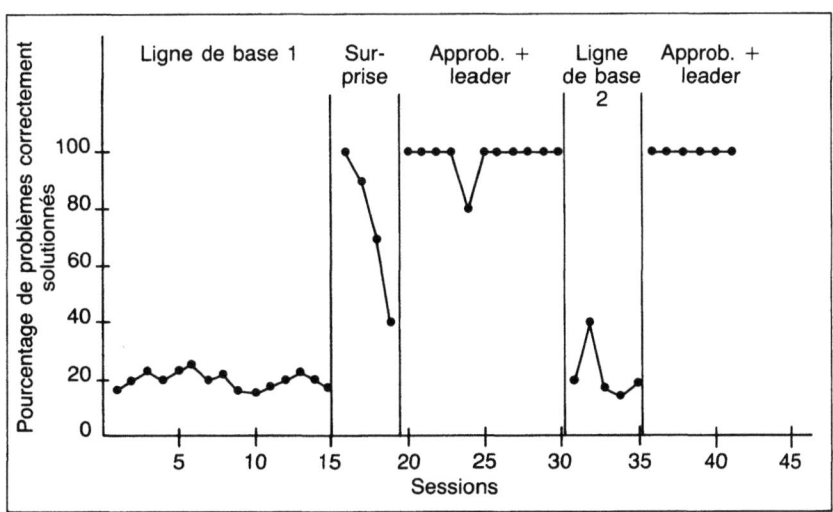

Fig. 1.2. Pourcentages de problèmes solutionnés par sessions, durant les 5 conditions.

jour, le pourcentage de problème solutionnés se rapprochait déjà de celui obtenu précédemment.

De nombreux autres comportements ont fait l'objet de tentatives de modification. On peut les regrouper sous deux rubriques principales : d'une part, ce que l'on appelle habituellement les *« troubles du comportement »*, à savoir les comportements instables, agressifs, stéréotypés, etc..., et que nous préférons appeler *« comportements de surplus ou en excès »*, parce qu'ils ne se présentent qu'exceptionnellement, ou avec une intensité moindre chez les sujets dits « normaux », et d'autre part les *déficits comportementaux et d'apprentissage* (par exemple, ne pas savoir lire, ne pas manger seul, etc.). Nous en aborderons des échantillons dans la suite de cet ouvrage. On peut aussi consulter dès à présent quelques ouvrages de synthèse, comme Bellack, Hersen et Kazdin (1982), Hersen, Van Hasselt et Matson (1983), Whitman, Sciback et Reid (1983), ainsi que la série *« Progress in Behavior Modification »* de Hersen, Eisler et Miller.

5. Responsabilité en éducation comportementale clinique

Ce premier chapitre n'a d'autre objectif que de donner un aperçu de l'approche comportementale appliquée aux problèmes éducatifs. Nous en approfondirons les divers aspects dans les chapitres suivants. Dès à présent, cependant, nous voudrions revenir sur l'éthique et insister sur le fait que l'éducation comportementale clinique doit être menée dans un *esprit de responsabilité*. Il est clair en effet qu'elle pose à l'éducateur le problème de la *liberté individuelle, du « contrôle » du comportement d'autrui, et en termes plus généraux de la portée et des limites de nos interventions éducatives*. Certes, il ne s'agit pas d'une préoccupation réservée aux seuls comportementalistes; elle doit être présente dans *toutes les interventions* : neurochirurgie, chimiothérapie, hypnose, cure psychanalytique, publicité, etc. Cette exigence est cependant plus explicitement requise du comportementaliste, pour deux raisons principales. D'une part, ses interventions sont *efficaces* : elles produisent effectivement des changements dans le comportement des individus. De techniques non efficaces, on ne pourrait dire qu'elles « contrôlent » l'individu.

De plus, comme l'éducateur comportementaliste précise dans le détail ses objectifs et sa méthodologie, on peut assister à la mise en place du contrôle du comportement, et en quelque sorte *« voir »* comment le sujet évolue, suite à l'intervention réalisée.

Notre ambition n'est cependant pas de discuter ici de ce problème sur le plan philosophique, mais de mentionner brièvement les règles auxquelles tout éducateur comportementaliste responsable doit se conformer. Celles-ci seront détaillées ultérieurement.

– Au niveau du *choix des objectifs*: la méthode comportementale peut être utilisée pour des objectifs opposés: par exemple, éliminer un comportement homosexuel ou supprimer l'autocondamnation liée à cette pratique, apprendre à un enfant à rester assis pour exécuter une tâche ou pour ne pas déranger son éducateur. L'essentiel est donc de choisir des objectifs qui favorisent le développement de l'individu et accroissent sa liberté individuelle. A noter que ce choix est souvent déterminé par le sujet lui-même, ou avec sa collaboration directe.

– Au niveau des *moyens*: pour atteindre effectivement les objectifs fixés, l'éducateur comportementaliste dispose d'une panoplie de méthodes, dont certaines sont plus contraignantes ou mieux adaptées que d'autres. Il doit donc faire un choix, tenant compte non seulement de la valeur scientifique de ces méthodes pour l'objectif visé, mais aussi de certaines limites éthiques éventuellement définies par son milieu. Ceci nous amène à aborder la dernière exigence, qui concerne la compétence dont doit faire preuve le comportementaliste.

– L'apparente simplicité de la démarche comportementale risque en effet de faire illusion. Il ne suffit pas de distribuer des bons points pour utiliser l'économie de jetons telle que les comportementalistes la définissent, ou encore de féliciter l'enfant pour être comportementaliste. Une *formation* sérieuse est indispensable, non seulement aux principes, concepts et méthodes de l'approche comportementale, mais aussi à son application pratique, sur le terrain. Bien plus, l'éducateur comportementaliste considère comme essentielle la mise en place d'un *contrôle permanent de sa démarche*, en procédant à une analyse attentive et permanente des résultats obtenus et en les soumettant à la critique du sujet lui-même et de ses collègues. Enfin, il ne peut échapper à une *réflexion critique* sur ses propres valeurs et à la nécessité d'une ouverture réelle à la *philosophie de l'éducation*.

Chapitre 2
Principes de l'éducation comportementale clinique

1. Eduquer, qu'est-ce que c'est ?

D'un point de vue général, éduquer consiste à entreprendre un certain nombre d'actions qui ont pour conséquence de modifier, de façon stable, le sujet sur lequel s'exercent ces actions. D'un point de vue comportemental, *l'éducation est une démarche empirique qui consiste à modifier, selon certaines règles mises au point par la psychologie scientifique de l'apprentissage et intégrées dans une éthique, ce que l'on appelle la « variable indépendante » en vue de provoquer certains changements souhaités chez le sujet au niveau de son comportement (« variable dépendante »)*. Ainsi, pour faire acquérir à un enfant la maîtrise des additions avec report (variable dépendante), le maître lui présente des exercices gradués, accompagnés d'explications détaillées, et lui donne un point pour chaque réponse correcte (variable indépendante). Ou encore, pour faire diminuer la fréquence des comportements agressifs d'un adolescent (variable dépendante), il le félicite pour tous les comportements de coopération et ne réagit pas à ses comportements agressifs, dans la mesure du moins où ceux-ci ne mettent pas la vie d'autrui en danger (variable indépendante).

De façon schématique, la démarche éducative comprend quatre étapes, sous-tendues par un raisonnement expérimental :

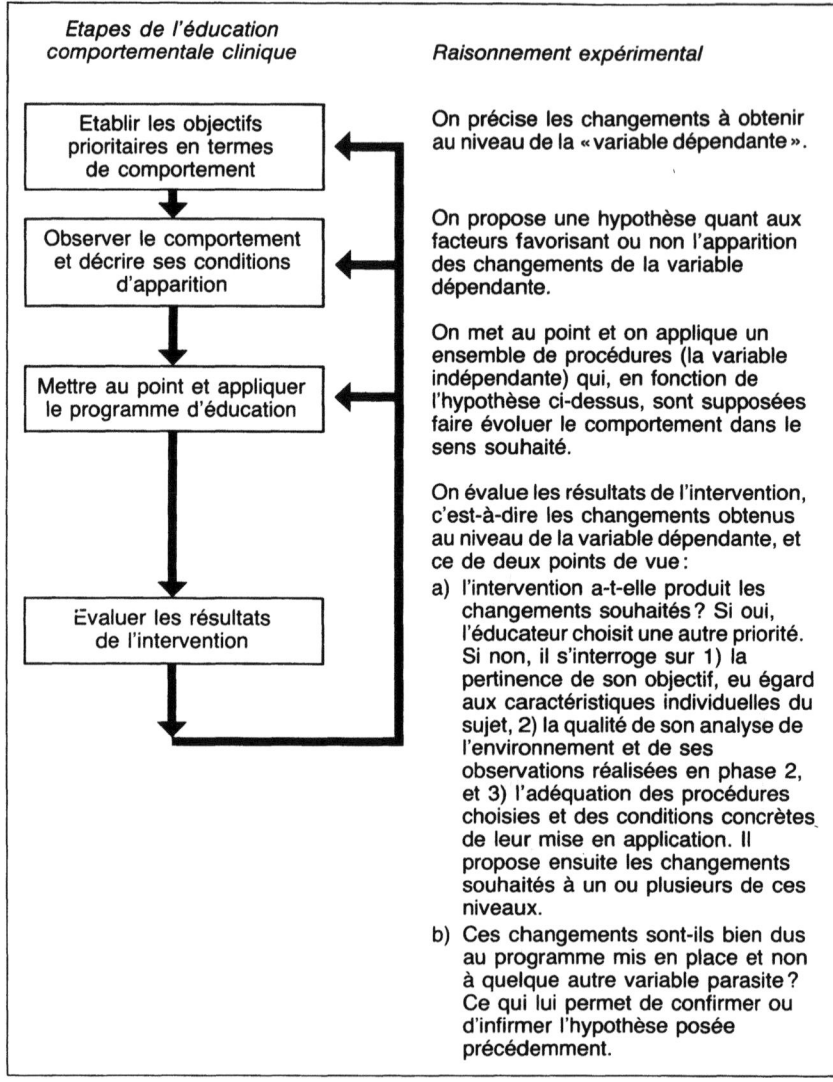

Fig. 2.1. Les quatre étapes de l'éducation comportementale clinique et du raisonnement expérimental.

Remarques :

1. Cette définition de l'éducation est cependant incomplète, dans la mesure où le sujet dit « éducateur » sort lui aussi souvent modifié de sa relation éducative avec l'éduqué, et dans la mesure aussi où

éducateur et éduqué peuvent parfois être une seule et même personne.
2. On oppose souvent en éducation le «savoir-être» et le «savoir-faire», et certains considèrent que l'éducation comportementale ne vise qu'une augmentation du «savoir-faire». Il est vrai que la démarche comportementale, de par son insistance sur l'évaluation scientifique, met davantage l'accent sur le «savoir-faire». Mais n'est-ce pas aussi une voie vers un «mieux-être»?

2. Le comportement

Ainsi que son nom l'indique, et que nous l'avons précisé dans le chapitre 1, l'approche comportementale est centrée sur la notion de *comportement*. Celui-ci est défini comme une *réponse observable et mesurable* d'un individu. Le terme «*observable*» signifie que le comportement peut être appréhendé par au moins un de nos cinq sens. Quant au caractère «*mesurable*» des comportements, il indique que ceux-ci ont un début et une fin clairement discernables, et qu'on peut donc les dénombrer.

Dès lors, lorsque le comportementaliste se trouve confronté à un problème d'apprentissage et d'éducation, il essaye d'abord de le traduire en comportements observables et mesurables. Par exemple, si un enseignant le consulte à propos d'un de ses élèves auquel il reproche son extrême agressivité, il essayera de traduire celle-ci en comportements: Frappe-t-il ses camarades ou bien les adultes? Les blesse-t-il? Donne-t-il des coups de pied, de poing, des claques? Ou encore crie-t-il sur eux? Lance-t-il des objets sur eux? De même, confronté à un enfant qui a des difficultés en arithmétique, il déterminera le domaine précis nécessitant une action, par exemple les opérations élémentaires; bien plus, il s'efforcera de déterminer où se trouve exactement la faiblesse, par exemple lorsqu'il s'agit de faire par écrit des additions avec report.

Le comportementaliste utilise donc des termes qui renvoient à des *actions* qu'il peut *observer* et *mesurer*. Il ne recourt pas à des mots ambigus, aux significations nombreuses et qui ne visent pas des comportements précis, comme penser, écouter, comprendre, savoir, apprécier. De même, il évite les termes généraux comme instable, anxieux, difficile, autiste, etc.

Il existe une méthode bien simple pour s'assurer qu'un comportement est bien décrit: il suffit de le décrire verbalement à deux ou trois personnes et de leur demander d'exécuter ce comportement. Il reste alors à comparer les résultats !

On distingue habituellement *deux catégories de comportements* : le comportement répondant et le comportement opérant. Le comportement *répondant* est un comportement essentiellement de type involontaire et réflexe, qui est « contrôlé » avant tout par les stimuli qui le précèdent immédiatement ; on dit qu'il est « déclenché » par le stimulus (elicit). Par exemple : saliver à la vue de la nourriture ou au souvenir d'un bon repas. Quant au comportement *opérant*, il est « émis » par le sujet (emit) et avant tout sous le contrôle des conséquences qui le suivent immédiatement ; on dit qu'il est opérant parce qu'il agit, il opère sur l'environnement. Ce comportement est généralement volontaire.

Cette distinction entre « comportement opérant » et « comportement répondant » est classique dans les théories de l'apprentissage. Elle s'articule en fait sur la distinction entre deux courants, le conditionnement opérant (Skinner) et le conditionnement répondant (Pavlov). Une telle distinction est dans un certain nombre de cas quelque peu artificielle, puisqu'un comportement apparaît toujours dans un certain environnement et est souvent suivi d'une modification de cet environnement. Néanmoins, nous la retiendrons dans le cadre de ce texte qui insiste sur les conséquences des comportements et concerne avant tout les comportements opérants.

On parle aussi parfois de *comportements publics ou externes ou manifestes* (overt events) et de *comportements privés ou internes ou implicites* (covert events). Les premiers sont accessibles à un observateur extérieur, tandis que les seconds ne le sont qu'au sujet lui-même ; ces derniers concernent principalement les états émotifs, le langage intérieur et certaines manifestations physiologiques comme les tremblements, la transpiration, les palpitations. Ils sont encore mal étudiés par les comportementalistes et ne seront pas envisagés ici.

3. Principes scientifiques d'éducation comportementale

La mise au point du programme d'éducation comportementale s'appuie sur deux principes de base issus des travaux de la psychologie de l'apprentissage, à savoir l'emploi des renforçateurs et la modification des stimuli antécédents. Le comportement est en effet considéré comme le résultat d'un processus d'apprentissage et se construit au cours d'une succession d'interactions entre l'individu et son environnement, ce dernier comprenant les stimuli qui précèdent le comportement et les stimuli qui le suivent.

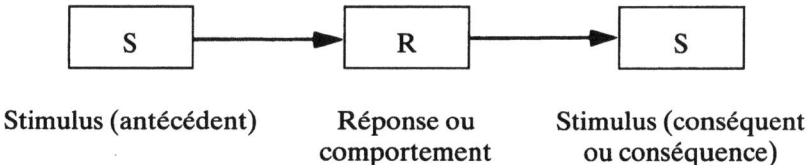

Stimulus (antécédent)   Réponse ou   Stimulus (conséquent
                        comportement   ou conséquence)

• *Principe n° 1: Le comportement est contrôlé par ses stimuli conséquents ou conséquences, c'est-à-dire par les événements qui suivent immédiatement son émission.* En d'autres mots, ce sont les conséquences d'un comportement qui déterminent la probabilité ultérieure d'apparition de ce comportement; le comportement est fonction de ses conséquences, soit qu'elles en augmentent ou qu'elles en diminuent la probabilité d'apparition (fréquence ou durée).

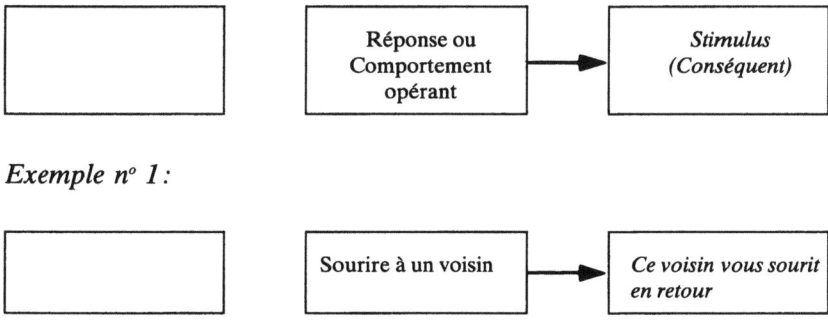

Exemple n° 1:

Il y a apprentissage dans la mesure où à l'avenir vous aurez tendance à sourire à nouveau et plus facilement à votre voisin.

Exemple n° 2:

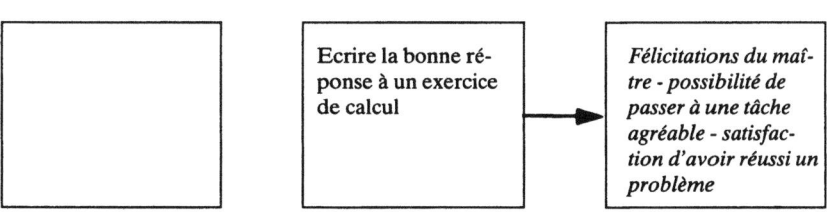

L'enfant apprend ainsi à répondre correctement en calcul et à l'avenir, il abordera cette matière avec intérêt et optimisme.

Exemple n° 3 :

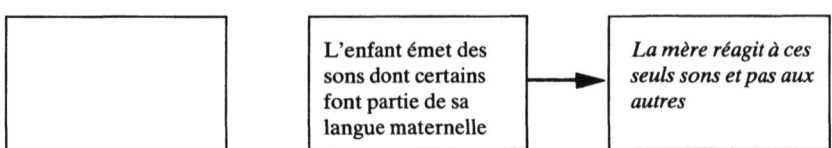

C'est ainsi qu'un enfant apprend à parler une langue.

Il importe de bien comprendre la *terminologie* employée ici par les comportementalistes. Lorsque la probabilité ultérieure d'apparition d'un comportement augmente, suite à une modification des conséquences, on parle de *processus de renforcement* (ou de renforcement). Celui-ci peut être de deux types : *processus de renforcement positif*, quand l'augmentation du comportement se fait suite à la présentation d'un stimulus après son émission, et *processus de renforcement négatif*, quand l'augmentation se fait suite à la suppression d'un stimulus après l'émission du comportement.

Dans le premier cas, on dira du *stimulus* présenté après l'émission du comportement qu'il est un renforçateur, un *renforçateur positif*, un agent renforçant positif, une conséquence positive ou un stimulus appétitif. Dans le deuxième cas, on parlera de renforçateur négatif, d'agent renforçant négatif ou de *stimulus aversif*. Nous considérons quant à nous ces divers termes comme équivalents et avons indiqué en italiques ceux que nous utilisons préférentiellement. Par contre, nous n'utiliserons pas le terme de «renforcement» pour désigner la conséquence du comportement; nous l'appliquerons uniquement au processus.

Lorsqu'à l'inverse la probabilité d'apparition du comportement diminue, on se trouve en présence de ce que les comportementalistes appellent le *processus de punition*. Celui-ci peut aussi se réaliser selon deux modalités, soit par présentation d'un stimulus, soit par sa suppression contingente à l'émission du comportement. Le stimulus ajouté est un *stimulus aversif* ou une conséquence négative, et le stimulus retranché sera appelé stimulus appétitif ou conséquence positive ou *renforçateur positif*. Etant donné les connotations subjectives indésirables qui sont associées au mot «punition», nous parlerons quant à nous de *processus de diminution du comportement*.

Tableau 2.1.: Présentation synthétique des termes utilisés pour désigner les processus et stimuli conséquents en éducation comportementale clinique

	PRESENTATION DU STIMULUS APRES L'EMISSION DU COMPORTEMENT	RETRAIT DU STIMULUS
AUGMENTE ← LA PROBABILITE D'APPARITION DU COMPORTEMENT	+ *Processus de renforcement positif* (positive reinforcement) + *Renforçateur positif* (positive reinforcer) Agent de renforcement positif Agent renforçant positif Renforcement positif (positive reinforcement) Conséquence positive (positive consequence) Stimulus appétitif (appetitive stimulus) Renforçateur (reinforcer)	+ *Processus de renforcement négatif* (negative reinforcement) + *Stimulus aversif* (aversive stimulus) Agent de renforcement négatif Agent renforçant négatif Renforçateur négatif (negative reinforcer)
DIMINUE →	+ *Processus de diminution du comportement* Processus de punition (punishment) + *Stimulus aversif* (aversive stimulus) Conséquence aversive (aversive consequence) Conséquence négative (negative consequence)	+ *Processus de diminution du comportement* Processus de punition (punishment) + *Renforçateur positif* (positive reinforcer) Agent de renforcement positif Agent renforçant positif Renforcement positif (positive reinforcement) Conséquence positive (positive consequence) Stimulus appétitif (appetitive stimulus) Renforçateur (reinforcer)

N.B. Les termes en italiques sont ceux que nous utilisons préférentiellement.

Dans la suite de cet ouvrage, nous introduirons une troisième catégorie de termes pour présenter et décrire les *procédures* employées pour modifier le comportement; ainsi, on parlera par exemple de procédure d'augmentation du comportement ou de procédure de diminution, de maintien, de transfert, etc.

Ce principe du contrôle du comportement par les stimuli conséquents appelle deux remarques. On notera d'abord que l'influence des conséquences sur le comportement qui précède, et donc leur qualification, ne peut être déterminée a priori, mais *uniquement en fonction de l'évolution de ce comportement*. Dès lors, si un comportementaliste présente une conséquence, qu'il considère a priori comme un renforçateur positif, en vue d'augmenter la probabilité d'apparition d'un comportement, et si celle-ci n'augmente pas mais diminue, il ne doit pas en conclure que le renforçateur n'est pas efficace, mais qu'en fait la conséquence n'est pas un renforçateur positif. Cela n'a donc guère de sens de qualifier les conséquences avant d'avoir observé leur action sur le comportement qui précède.

Cette loi de liaison du comportement à ses conséquences est d'autre part valable pour *tous* les comportements, y compris les comportements dits «inadaptés», qui eux aussi *sont appris* en fonction des conséquences qui les suivent immédiatement.

Exemple:

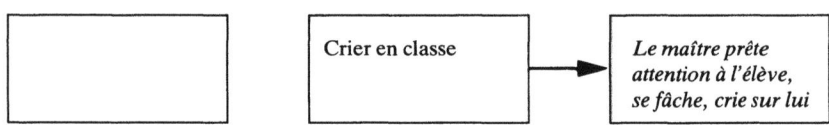

A l'avenir, l'enfant criera de plus en plus souvent.

Observons en effet — et c'est une vérification de la première remarque ci-dessus — que l'attention est souvent un renforçateur positif, c'est-à-dire qu'elle accroît la probabilité d'apparition du comportement, alors qu'on vise l'effet contraire.

• *Principe n° 2: Les stimuli de l'environnement contrôlent l'émission d'une réponse, c'est-à-dire qu'ils indiquent à l'organisme quelle réponse particulière sera renforcée et donc quelle réponse celui-ci doit émettre. On parle de «contrôle du stimulus» (stimulus control).*

Ce pouvoir de contrôler le comportement s'acquiert par association répétée avec les événements renforçants qui suivent la réponse. Ces stimuli sont appelés «*stimuli discriminatifs*»: ils ont donc la capacité de favoriser l'émission de certains comportements et non d'autres ou de les rendre plus probables. On les symbolise par *S.D.*, par opposition aux *stimuli delta* (S.Δ) qui représentent des stimuli en présence desquels une réponse n'est suivie d'aucune conséquence. On parle parfois également de «*stimuli neutres*» pour désigner des stimuli qui n'influencent pas le comportement d'une manière *stable* tant qu'ils n'ont pas été associés à d'autres stimuli discriminatifs ou renforçateurs.

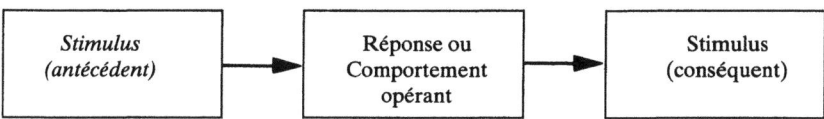

Voici quelques exemples de stimuli discriminatifs.

Exemple n° 1 :

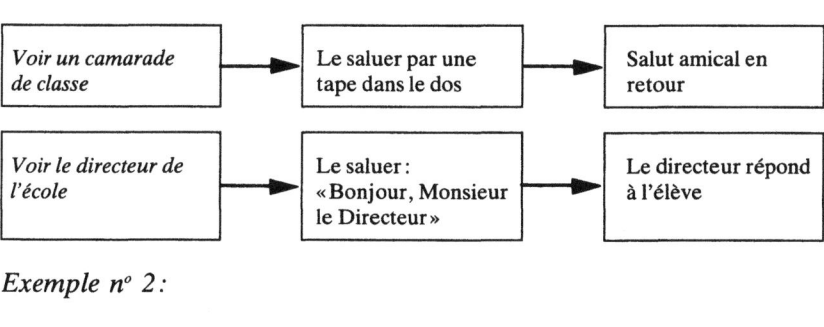

Exemple n° 2 :

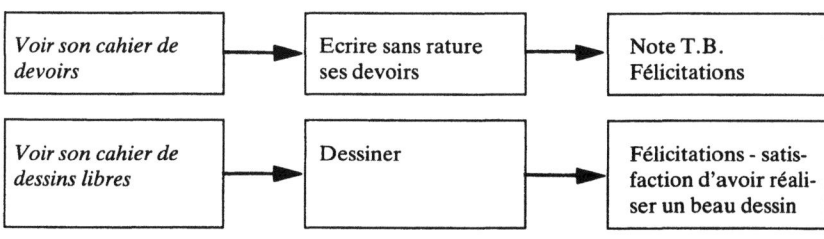

Nous avons résumé le paradigme comportemental par trois lettres : S-R-S. D'autres formulations existent également dans la littérature. La plus intéressante est sans conteste le paradigme A-B-C ou Antécédent-comportement (Behavior)-Conséquence, qui traduit bien la relation temporelle entre les trois éléments. D'autres parleront de schéma S-R (stimulus-réponse), ou encore de schéma R-S (réponse-stimulus) pour désigner spécifiquement le paradigme skinnérien.

Certains comportementalistes (par exemple, Kanfer et Philipps, 1970) ajoutent une dimension supplémentaire entre le stimulus et le comportement, à savoir l'*organisme* (O). Dans ce cas, le paradigme comportemental devient S-(O)-R-S. Cela signifie que l'on tient compte d'éléments liés à l'organisme lui-même et qui influencent la probabilité d'apparition de tel ou tel comportement. Ainsi, pour prendre un exemple simpliste, on pourra dire d'un sujet privé de ses bras que le comportement «prendre en mains» lui est impossible. De même, on pourrait classer dans «O» certaines dispositions héréditaires. Nous proposons de placer cette dimension «organisme» entre parenthèses pour indiquer que dans beaucoup de cas, il n'est guère possible d'identifier de façon très précise ces conditions de l'organisme qui influencent la probabilité d'apparition d'un comportement donné. Une manière plus comportementale d'attribuer un rôle à cet organisme serait de faire appel aux *structures de comportement*; mais il faut bien constater qu'à ce jour, cette voie d'approche n'a guère encore donné de résultats utilisables par les praticiens.

Pour conclure, il nous faut insister sur la notion de *contingence* (contingency) qui fait référence aux relations entre le comportement d'une part, ses antécédents et ses conséquences d'autre part. «Le concept de contingence renvoie à la relation séquentielle de dépendance entre deux événements. Dans un sens d'origine plus anglaise que française, l'apparition contingente d'un événement est *conditionnelle* à l'apparition préalable d'un autre. Autrement dit, tel événement particulier survient si, et seulement si, tel autre événement le précède, qu'il s'agisse d'un stimulus ou d'un comportement» (Malcuit et Pommerleau, 1977, p. 50).

4. Le raisonnement expérimental en éducation comportementale clinique

Nous avons dès le premier chapitre, indiqué que l'éducation comportementale clinique ne consistait pas en un recueil de techniques ou de recettes, mais en une démarche expérimentale, et nous venons d'en présenter les 4 étapes au début de ce chapitre. Voyons à présent comment ce raisonnement expérimental se traduit dans l'organisation de cet ouvrage.

Dans une première phase, l'éducateur comportementaliste définit les *priorités éducatives* et les traduit en *objectifs*. C'est l'objet des chapitres 3 et 4. Pour ce faire, il a besoin notamment de *techniques d'observation*, qui sont présentées en détail au chapitre 5. Ces techniques lui seront d'ailleurs indispensables tout au long de sa démarche; elles lui permettront de rassembler les informations nécessaires à l'*analyse fonctionnelle* qui, en fonction des deux lois de l'apprentissage que nous venons de présenter, lui permettra d'identifier les événements de l'environnement, à la fois les stimuli antécédents et les stimuli conséquents, dont la mise en place sera susceptible de conduire aux changements souhaités et d'atteindre les objectifs fixés (chapitre 6).

Sur cette base, il établit alors son *programme d'intervention*. Celui-ci peut faire appel à 4 types de procédures, qui pour des raisons de clarté seront présentées successivement, mais qui dans la pratique peuvent être, et sont d'ailleurs souvent utilisées conjointement. Ce sont les procédures visant à augmenter la probabilité d'apparition d'un comportement qui existe déjà dans le répertoire du sujet (chapitre 7), puis les procédures visant à apprendre un nouveau comportement (chapitre 8) et enfin les procédures destinées à faire diminuer la probabilité d'apparition d'un comportement existant et non souhaitable (chapitre 9). Alors que ces trois catégories de procédures font surtout intervenir les stimuli conséquents, un quatrième groupe porte davantage sur les stimuli antécédents; ce sont les procédures destinées à établir, augmenter ou diminuer le lien entre un comportement et les stimuli antécédents. C'est l'objet du chapitre 10.

Comme nous l'apprend la psychologie de l'apprentissage, les progrès réalisés ne sont jamais acquis une fois pour toutes, ni généralisables facilement à d'autres milieux que le milieu d'apprentissage. D'où l'obligation pour l'éducateur comportementaliste de prévoir dans son programme d'intervention les *procédures de maintien du comportement et de transfert à d'autres environnements* (chapitre 11).

Après avoir mis le programme au point par écrit (chapitre 12) — ce qui est indispensable s'il veut rester fidèle à l'esprit scientifique — l'éducateur comportementaliste l'applique et en *évalue en permanence les résultats*. De cette façon, il peut s'assurer que l'évolution du comportement se fait bien dans le sens souhaité au départ et déterminé par l'objectif. Dans le cas contraire, il prend les mesures correctives qui s'imposent.

S'il veut faire œuvre scientifique, et contribuer à la construction du savoir pédagogique, il utilise des *stratégies de vérification de causalité*, qui lui permettent d'infirmer ou de confirmer l'hypothèse fonctionnelle posée au départ et d'attribuer ou non les changements souhaités au programme mis en place. Ces stratégies sont présentées au chapitre 13.

Il ne lui reste plus alors qu'à *faire rapport* de sa démarche — au sujet directement concerné et/ou ses représentants, et à la communauté professionnelle et scientifique (chapitre 14). Nous arriverons ainsi au terme de la démarche comportementale. Les chapitres suivants aborderont des aspects particuliers: les critiques habituellement adressées à l'approche comportementale, l'éducation comportementale clinique et les handicapés, l'économie de jetons et le Système Personnalisé de Formation de Keller. Nous conclurons en esquissant quels doivent être les rapports entre recherche et pratique en éducation comportementale clinique.

Chapitre 3
Fixation des priorités éducatives

Indications méthodologiques

Mis en présence d'une personne à éduquer, *l'éducateur doit d'abord déterminer quels sont, parmi les besoins de cette personne, ceux auxquels il importe de répondre en priorité.* C'est qu'en effet il ne lui est pas possible de ne pas choisir. S'il ne fait pas ses choix en pleine connaissance de cause et avec réflexion, il en laisse la responsabilité aux événements et aux limites inhérentes à toute situation concrète (limites de temps, de matériel disponible, événements imprévisibles de la journée, etc.). De plus, quand plusieurs personnes sont appelées à intervenir à propos d'un même sujet, l'accord entre celles-ci facilite considérablement l'évolution de ce dernier. Enfin, c'est en fonction des priorités retenues et des objectifs qui en découlent, que l'efficacité d'une démarche éducative peut être évaluée. Sans objectif, pas d'évaluation possible!

Cette fixation des priorités éducatives est cependant une des tâches les plus *difficiles* et les plus délicates. Elle exige en effet une analyse très minutieuse des compétences à acquérir, tenant compte des divers milieux dans lesquels le sujet vit et aussi du rythme «normal» d'acquisition de ces compétences. Elle nécessite de plus — et c'est peut-être la difficulté la plus importante — un accord des principaux éducateurs concernés, prenant lui-même racine dans une philosophie commune de l'éducation et dans un projet éducatif préalablement mis au point. Enfin, elle met l'éducateur dans l'obligation de choisir, c'est-à-dire de mettre l'accent sur certains aspects au détriment d'autres, l'exposant ainsi bien évidemment au risque de se tromper.

Aussi, afin de rendre cette tâche plus aisée et d'éviter au maximum les erreurs, faut-il respecter une certaine *méthodologie*. Certains aspects en seront discutés ci-après : Qui intervient dans ce processus de décision ? Comment identifier les priorités éducatives ? Combien de priorités éducatives retenir ? La priorité éducative doit-elle faire l'objet d'un programme d'intervention comportementale ?

1. Qui intervient dans le choix des priorités éducatives ?

Le sujet lui-même d'abord, qui est le premier et le principal concerné. Le programme d'éducation comportementale s'appuie en effet sur une observation minutieuse et attentive du sujet et de son comportement en interaction directe avec l'environnement. C'est donc en quelque sorte lui qui guide le choix des priorités, comme c'est également lui qui guidera toute la mise au point du programme.

Il est cependant possible, dans la plupart des cas, d'aller plus loin et de solliciter *explicitement* l'avis et ensuite l'accord du sujet quant aux priorités qui le concernent. Cet accord est d'ailleurs souvent un facteur supplémentaire de succès de l'intervention. Certes, la tâche n'est pas aisée, notamment avec certains handicapés qui ne parlent pas et qui « paraissent » ne pas comprendre. Ne faut-il pas cependant se donner la peine de reconsidérer ces jugements quelque peu hâtifs et souvent formulés de façon définitive et sans appel ? Faut-il rappeler de plus ici que « ne pas parler » n'est pas synonyme de « ne pas comprendre » et qu'il est souvent possible d'utiliser d'autres moyens de communication.

Dans les cas où cet avis et cet accord formel de l'intéressé paraissent impossibles à obtenir, vu l'âge ou la gravité du handicap, *il est essentiel de faire appel à une autre personne qui prendra en charge les « intérêts » du sujet*. Ce rôle est habituellement tenu par les parents ; il peut l'être aussi par une autre personne de la famille ou un intervenant de l'établissement d'accueil. Celui-ci peut jouer lui-même un rôle actif pour certains objectifs précis, mais ce n'est pas indispensable.

Interviennent en deuxième lieu les *responsables immédiats du sujet* : parents, maîtres, éducateurs, rééducateurs, thérapeutes, etc. Il est à remarquer que certaines personnes, qui en principe ne sont pas concernées au premier chef, peuvent jouer de fait un grand rôle sur le plan éducatif : personnel d'entretien, femme d'ouvrage, voisin, etc., et qu'il peut être essentiel de les consulter.

Dans beaucoup de cas, les parents jouent ici un rôle essentiel et sont appelés à devenir de véritables «partenaires». Mais lorsqu'ils ne peuvent, en raison de circonstances particulières, assumer leur rôle de façon suivie et quasi quotidienne (notamment lorsque le sujet handicapé fréquente une école d'enseignement spécial ou une institution), il est judicieux de faire appel à une personne dont le rôle est de faire la synthèse des interventions, d'éviter les éparpillements et qui, dans certains cas, pourrait même être l'interlocuteur privilégié des parents. Cette personne pourrait être la même que celle dont nous avons parlé ci-avant.

Intervient enfin le *personnel spécialisé en approche comportementale*, qui assurera la mise au point de l'intervention et en supervisera l'application et l'évaluation: psychologue, orthopédagogue, ou autre spécialiste adéquatement formé.

L'identification des priorités éducatives est avant tout un *travail d'équipe* et suppose donc l'existence de moments de rencontre et de mise au point. C'est le rôle du *conseil de classe* ou de la *réunion de synthèse*. Il n'est pas possible d'entrer ici en détail dans la méthodologie de ce type de réunion. Nous attirerons seulement l'attention sur quelques aspects. Tout d'abord, l'horaire de la réunion doit être tel qu'après un échange général, il reste toujours un temps suffisant pour le choix des priorités et l'établissement des objectifs. De plus, le relevé des priorités éducatives retenues doit être rédigé par écrit par le responsable du sujet. Enfin, bien que cela ne soit pas encore une pratique très courante, il est, dans de nombreux cas, fort important d'intégrer les parents dans la réunion de synthèse ou le conseil de classe.

2. Comment identifier les priorités éducatives?

Le choix des priorités éducatives peut s'opérer à plusieurs niveaux: à long terme (quel homme voulons-nous former et pour quelle société?), à moyen terme (une année scolaire ou 6 mois, par exemple) et à court terme (dans l'immédiat, 8 jours, 15 jours ou un mois).

Les priorités à long terme figurent en principe dans le «*projet éducatif*» de l'établissement. Ce projet éducatif est, pour le comportementaliste, une donnée *absolument fondamentale* dont il ne peut se passer. C'est en effet en fonction de ce projet que les objectifs à court et moyen termes se justifient et que les procédures d'intervention sont choisies. C'est aussi ce projet qui donne la cohérence de base à l'ensemble des actions des intervenants et qui fixe éventuellement certaines limites quant au choix des procédures d'intervention. Aussi, tout en n'étant pas seul à assumer la responsabilité de ce projet, le comportementaliste essayera d'amener les différentes parties concernées à le préciser par écrit, à mettre au point des procédures d'évaluation et de révision du projet et à lui assurer l'indispensable «publicité».

La détermination des priorités à moyen ou à court terme est un *processus de décision*, qui ne peut s'opérer de façon automatique et uniquement scientifique. Il est donc important de déterminer de façon aussi rigoureuse que possible les critères qui détermineront les choix. Il y a en effet toujours plusieurs choix possibles, et parfois même des choix qui peuvent être contradictoires. Ainsi, en présence d'un enfant arriéré profond, on pourra viser l'acquisition d'une autonomie élémentaire au repas, ou la maîtrise sphinctérienne, ou l'établissement de relations sociales élémentaires, ou la capacité à manipuler un jouet, ou... ou... On n'a que l'embarras du choix! Souvent même, les personnes responsables auront des avis différents quant aux objectifs à retenir et chacune aura beaucoup d'arguments à apporter pour justifier «sa» priorité: l'une souhaitera viser la maîtrise sphinctérienne «parce que l'incontinence lui est pénible à supporter», tandis qu'une autre préférera le développement de la fine motricité manuelle, parce qu'elle pense qu'ainsi «l'enfant pourra s'occuper seul et apprendre de lui-même». Parfois encore, ce sont les parents qui souhaitent que leur enfant apprenne à lire, alors qu'à l'école, le maître veut surtout développer la débrouillardise et l'autonomie élémentaire. Il importe donc d'expliciter au maximum les critères de choix.

Avant d'aborder ces critères, rappelons ici que le choix de ces priorités se fait au *niveau individuel*, c'est-à-dire pour chaque sujet. Ce n'est éventuellement que dans un temps ultérieur qu'on pourra envisager des objectifs communs à plusieurs sujets.

- *Premier critère: y a-t-il un décalage important entre le comportement du sujet et celui de ses pairs?*

Il s'agit ici d'un critère fréquemment utilisé et qui s'appuie sur une conception traditionnelle de l'évaluation psychopédagogique, articulée autour des étalonnages normatifs. A cette fin, on se sert fréquemment de certains outils comme les échelles de développement (sur le plan intellectuel, moteur, etc.), les échelles de compétence sociale ou de comportement adaptatif, les tests d'acquisitions pédagogiques, etc. Nous mentionnerons ici à titre d'exemples les *Inventaires des Progrès du Développement Social* de Gunzburg (1973 a, b), l'*Echelle de Comportement Adaptatif* de Nihira, Foster, Shellhaas et Leland (adaptation en langue française par G. Magerotte, 1978), l'*Apprentissage Fonction-*

nel à l'Indépendance de Marlett (1977), qui sont particulièrement indiquées pour les personnes handicapées mentales.

Cependant, il faut se méfier d'accorder à ce critère un poids trop important, et en particulier, de baser toutes ses interventions sur la recherche d'une homogénéité au niveau du groupe. En effet, il s'agit d'une tentative vaine, car quoique l'on fasse, cette homogénéité n'est souvent que très partielle et ne concerne que des comportements grossièrement analysés. De plus, on oublie trop souvent que ces normes ne sont pas permanentes et sont vieillies après quelques années, du moins si des actions efficaces ont été entreprises. Aussi, conseillons-nous vivement aux utilisateurs d'établir eux-mêmes leurs propres normes. Enfin, les données recueillies de cette manière sont relativement peu utiles pour le planning éducatif individuel (Bijou, 1976).

• *Deuxième critère: y a-t-il un décalage important entre les divers acquis d'un sujet donné?*

Il s'agit en fait ici de comparer un sujet non plus par rapport aux autres, mais bien de le comparer *par rapport à lui-même* et de déterminer quels sont les domaines qui nécessitent une intervention immédiate. Est-ce à dire que des décalages importants devraient ipso facto conduire à des interventions spécifiques portant sur les secteurs où le sujet présente des déficiences caractéristiques? Pas nécessairement, encore que certains considèrent comme important que le développement humain ne présente pas de trop grandes discordances et soit relativement harmonieux et équilibré.

Il nous faut également évoquer ici l'usage des listes d'objectifs qui permettent de situer un sujet non pas par rapport à ses pairs, mais par rapport à des objectifs terminaux (Criterion-referenced measurement).

• *Troisième critère: le sujet évolue-t-il dans le temps d'une façon préoccupante?* Y a-t-il par exemple une chute de son rendement scolaire, des fugues subites, une apparition ou une aggravation des problèmes relationnels?

• *Quatrième critère: quelles sont les exigences des divers milieux de vie du sujet, et en particulier du milieu familial, du milieu scolaire et du milieu socio-professionnel?*

Il arrive ainsi souvent que les parents exigent des progrès dans certains domaines particuliers, comme les matières scolaires, alors que l'école, quant à elle, opte pour une non-scolarisation provisoire.

Ce critère peut également être formulé différemment: quels sont les comportements qui sont «pertinents» pour certains milieux particuliers, c'est-à-dire qui ont toutes les chances de servir à quelque chose dans ces milieux et donc d'être maintenus après l'apprentissage?

• *Cinquième critère: au sein d'un même milieu, plusieurs personnes sont-elles d'accord pour reconnaître l'existence d'une difficulté donnée, pour choisir une même finalité?* Il s'agit donc ici de vérifier l'importance d'un problème, en sollicitant l'avis de plusieurs personnes.

• *Sixième critère: les priorités retenues sont-elles en accord avec les apports des sciences humaines et en particulier des sciences psychologiques et pédagogiques?*

Ici, il nous faut évoquer le problème des *structures de comportement*. En d'autres mots, les priorités retenues sont-elles conformes à nos connaissances quant à la façon dont les comportements s'acquièrent et s'organisent en structures comportementales? Certes, les échelles de développement peuvent nous servir de guides: on n'apprend pas à marcher à un enfant qui n'est pas capable de rester assis, ou de se mettre debout. Mais il faut bien constater que les indications disponibles sont grossières et que les âges de développement ne constituent que des valeurs de moyenne qui ne sont donc pas applicables à chaque sujet: certains enfants, par exemple, apprennent à marcher sans être au préalable passés par le stade de la marche à quatre pattes. Aussi, malgré les nombreux travaux en psychologie génétique, nous sommes encore bien ignorants quant à l'organisation des comportements (voir Bijou et Baer, 1978, pour une approche comportementale de travaux en psychologie génétique).

Il faut également s'interroger ici sur la notion de *«programme»* auquel se réfèrent volontiers les enseignants, et qui, en principe, traduit en termes pédagogiques les travaux de la psychologie scientifique. Le «programme» est intéressant s'il est traduit en termes d'objectifs opérationnels hiérarchisés; il ne l'est pas et devient même nuisible quand il est considéré comme une liste d'activités, sans référence à des objectifs précis, à réaliser avec tout un groupe, pendant une année et quand il implique que tous les élèves d'un même groupe doivent y être confrontés.

Concrètement, 3 questions nous paraissent devoir être posées, pour chaque finalité éducative retenue:

- Le sujet a-t-il les comportements prérequis indispensables? Par exemple, si la priorité est de lui faire réaliser un pont avec 3 blocs, est-il capable de saisir les blocs de la main sans les laisser tomber? Il faut cependant attirer l'attention sur les limites de cette notion de prérequis. Pour de nombreux comportements en effet, il est difficile de savoir avec précision quels sont les comportements prérequis dont la maîtrise est absolument *indispensable*.

- Ce comportement est-il prérequis à d'autres. Est-il susceptible d'être intégré dans des comportements plus complexes ? Par exemple, dans quelle mesure l'enfant qui a appris à faire un pont avec 3 blocs, va-t-il pouvoir utiliser cette nouvelle compétence pour développer d'autres comportements de préhension fine ?

- Ce comportement, s'il est acquis, risque-t-il d'avoir des effets positifs importants sur d'autres comportements ? Des effets collatéraux ? Par exemple, si un enfant apprend à faire un pont avec 3 blocs, va-t-il jouer davantage en compagnie d'autres sans se disputer ? C'est ici qu'il nous faut évoquer le problème des classes de réponses, dont Bijou et Baer parlent dans leur ouvrage susmentionné.

• *Septième critère: l'objectif est-il éthiquement acceptable?*

Dans beaucoup de cas, ce critère ne paraît pas poser de problème majeur. Encore que bon nombre de programmes d'intervention comportementale peuvent être critiqués de ce seul point de vue. Certains ont, par exemple, reproché à l'école de former des élèves qui avant tout ne dérangeaient pas, et étaient obéissants («Be still, be quite, be docile» de Winett et Winckler, 1972). Il est possible de poser cette question autrement et de se demander *dans quelle mesure ces objectifs, lorsqu'ils sont atteints par le sujet, constituent pour lui un progrès*.

Nous soulignerons à cet égard quatre points importants:

- le choix des objectifs ne doit pas être basé uniquement sur le *mythe de la normalité*, de l'homme standard ou moyen;

- les finalités éducatives doivent être davantage formulées en *termes positifs*, c'est-à-dire de comportements à acquérir plutôt qu'en termes de comportements à faire disparaître;

- il ne faut pas oublier qu'un *objectif peut parfois en cacher un autre*. Par exemple, vous pouvez considérer que rester assis est un objectif important pour un enfant déterminé; ce choix peut cependant cacher un objectif qui vous concerne plus particulièrement, à savoir «être tranquille, avoir la paix» et non «permettre à l'enfant d'être dans les meilleures conditions pour apprendre et pour réussir les exercices que vous lui proposez»;

- dans un certain nombre de cas, on choisit des objectifs, en fonction de problèmes rencontrés à l'instant même. De cette manière, on pare au plus pressé. Il importe cependant de ne pas perdre de vue que l'on peut choisir des objectifs qui ne soient pas une réponse immédiate à des difficultés que l'on rencontre mais qui, à moyen terme, *préviennent* l'apparition de ces difficultés.

Attention ! *Si l'objectif ne répond pas au critère éthique, l'adéquation aux autres critères n'entre nullement en ligne de compte. Il faut abandonner cet objectif.*

• *Huitième critère: la personne handicapée (ou son responsable) a-t-elle été consultée et est-elle d'accord?*

Ces huit critères sont résumés ci-après. Servez-vous de cette liste pour évaluer chacune des priorités que vous retiendrez.

Liste des huit critères de choix des finalités éducatives

---

1. Y a-t-il un décalage important entre le comportement du sujet et celui de ses pairs?
2. Y a-t-il un décalage important entre les divers acquis d'un sujet donné?
3. Le sujet évolue-t-il dans le temps d'une façon préoccupante? Y a-t-il par exemple une chute de son rendement scolaire, des fugues subites, une apparition ou une aggravation des problèmes relationnels?
4. Quelles sont les exigences des divers milieux de vie du sujet et en particulier du milieu familial, du milieu scolaire et du milieu socio-professionnel?
5. Au sein d'un même milieu, plusieurs personnes sont-elles d'accord pour reconnaître l'existence d'une difficulté donnée, pour choisir une même finalité?
6. Les priorités retenues sont-elles en accord avec les apports des sciences humaines et en particulier des sciences psychopédagogiques?
7. L'objectif est-il éthiquement acceptable?
8. La personne handicapée (ou son responsable) a-t-elle été consultée et est-elle d'accord?

Pour faciliter la mise au point de ces finalités éducatives, nous proposons ci-après une fiche intitulée: «Programme Educatif Individualisé (P.E.I.)». Cette fiche est complétée et conservée par la personne qui a en charge les intérêts de l'enfant et une copie en est remise à toutes les autres personnes concernées.

Une dernière précision encore: au départ, l'éducateur aura souvent intérêt à limiter ses ambitions à quelques priorités éducatives essentielles. Au fur et à mesure de l'acquisition d'une plus grande compétence dans ce type de démarche, il pourra augmenter le nombre de priorités

NOM DE L'ENFANT :	RESPONSABLE :
DATE DE NAISSANCE :
DATE:	A.C.:

PROGRAMME EDUCATIF INDIVIDUALISE   N°

OBJECTIFS	QUI ?	QUAND ?	COMMENT ?	PROCHAINE MISE AU POINT
- à moyen terme (1 trim.) - à court terme (15 j. - 1 mois)				

éducatives retenues. De même, il aura tout intérêt à classer les priorités par ordre d'importance et d'urgence.

3. Les priorités éducatives retenues doivent-elles faire l'objet d'un programme d'éducation comportementale?

Toutes les priorités ne doivent pas nécessairement faire l'objet d'un programme comportemental. On peut en effet rechercher d'abord des *solutions simples*. En voici quelques exemples:

- un examen médical peut-il apporter une solution? Par exemple, examen de la vue chez des enfants qui ont des difficultés à repasser sur certains traits avec leur crayon; absences épileptiques chez un sujet qui paraît ne pas participer aux activités scolaires;

- certaines modifications de l'environnement peuvent provoquer les changements souhaités: diviser la classe; changer le sujet de place; mettre davantage de matériel à sa disposition; améliorer la qualité du matériel utilisé; demander à la personne elle-même de changer son comportement;

- n'existe-t-il pas de programmes alternatifs auxquels le sujet pourrait être soumis, dans d'autres services (par exemple, prise en charge par un logopède)?

On ne préparera un *programme d'intervention comportementale* que si les conditions suivantes sont réunies:

- il y a une certaine probabilité de réussite. On peut estimer les chances de réussite soit en fonction de sa propre expérience, soit en s'appuyant sur l'avis de collègues ou de rapports scientifiques;

- il y a urgence. Par exemple, risque d'expulsion d'une école, de placement en institution résidentielle, danger pour le sujet lui-même ou pour son entourage, compétence fondamentale et prérequise à d'autres (comme prêter attention, rester assis quelques minutes);

- l'établissement, les parents et l'ensemble de la communauté apporteront le soutien indispensable à la bonne marche du programme, en mettant notamment les moyens en matériel et personnel à la disposition du responsable du programme. Ce point est important: chacun doit en effet assumer ses responsabilités et le comportementaliste doit veiller à ne pas se laisser mettre dans des conditions qui nuiraient à la bonne marche du programme;

- le responsable des programmes est compétent dans le problème à traiter et les méthodes à utiliser.

Que faire si des objectifs prioritaires ne peuvent être rencontrés dans l'immédiat, ni par des méthodes simples, ni par un programme comportemental. Il peut en effet arriver que des objectifs prioritaires ne puissent être rencontrés dans l'immédiat, par exemple par manque de personnel compétent ou en raison du coût important du programme pour lequel on ne dispose pas de moyens financiers disponibles. On les mentionnera en rouge dans le P.E.I. et les responsables de l'établissement veilleront à rassembler dans les plus brefs délais les moyens nécessaires en vue de rencontrer ces finalités prioritaires.

Chapitre 4
Des priorités éducatives aux objectifs. Comment définir les objectifs ?

Dans le chapitre précédent consacré aux finalités éducatives, nous avons déjà brièvement abordé les objectifs comportementaux. Nous avons notamment indiqué que le P.E.I. devait comporter des objectifs à moyen et court termes. Il est important de s'attarder plus en détail sur ces objectifs à court terme et en particulier sur leur formulation qui pose souvent certains problèmes. Pour qu'un objectif soit convenablement défini, il faut en effet qu'il remplisse trois conditions : il doit être traduit en termes de comportement observable et mesurable, il faut préciser les conditions dans lesquelles le sujet doit manifester ce comportement, de même que le critère de réussite. Nous envisagerons dans ce chapitre chacun des trois aspects.

1. L'objectif doit être traduit en comportement observable et mesurable

Cette notion de comportement est absolument fondamentale en approche comportementale et a déjà été présentée au chapitre 2. Rappelons simplement ici que *le comportement est défini comme une réponse observable et mesurable d'un individu*. Le terme «observable» signifie que le comportement peut être appréhendé par au moins un de nos cinq sens. Quant au caractère «mesurable» des comportements, il indique que ceux-ci ont un début et une fin clairement discernables et qu'on peut donc les dénombrer.

Dès lors, pour formuler ses objectifs d'éducation, le comportementaliste les traduit en actions qu'il peut observer et mesurer. Il utilisera donc des termes comme : « nommer, indiquer du doigt, porter la nourriture à la bouche à l'aide d'une cuillère sans renverser ». Il évitera de recourir à des termes ambigus, aux significations nombreuses et floues et qui ne renvoient pas à des comportements précis : « penser, écouter, comprendre, savoir, apprécier ».

Pour décrire un comportement de façon complète, il faut en préciser toutes les *dimensions* : topographie ou forme de la réponse, fréquence ou débit, durée, intensité. La topographie est la forme que prend la réponse. Ainsi, pour écrire la lettre A en majuscule d'imprimerie, je dois tracer un premier trait légèrement penché vers la droite à 45°, puis un deuxième trait penché vers la gauche à 45° et qui doit rejoindre le premier, et un troisième trait horizontal qui doit relier les deux, au maximum à mi-hauteur des deux traits obliques.

Parfois, la topographie de la réponse est passablement complexe ; la réponse comporte une série d'actes qui se suivent selon un certain ordre, comme par exemple se laver les dents, se laver les cheveux à l'évier, dresser la table, se déshabiller, etc. Ces comportements complexes doivent alors faire l'objet d'une analyse de tâche. Celle-ci sera abordée ci-après.

Il importe également de préciser la *fréquence* du comportement ou son *débit* (rate), c'est-à-dire le nombre de comportements par minute. Dans certains cas, il sera également important de préciser la *durée* du comportement, par exemple la durée du temps de travail ininterrompu. On précisera aussi parfois l'*intensité* d'un comportement donné : parler à voix haute ou à voix basse.

Lorsque le comportement à acquérir est complexe, ce qui est souvent le cas avec les comportements humains, l'objectif devra être spécifié en mini-objectifs. A cette fin, on recourt à une *analyse de tâche* (task analysis). Le comportement complexe est analysé en comportements simples. Comment ? Ou bien, on exécute soi-même le comportement plusieurs fois et on note tous les comportements intermédiaires au fur et à mesure de leur exécution. Ou bien, on utilise des analyses de tâches déjà faites par d'autres, que l'on aura cependant soin de confronter au préalable aux situations concrètes qui sont les nôtres.

Exemples:

- multiplication à deux chiffres

		JE CALCULE	J'ECRIS	JE REPORTE
	C_1	$7 \times 5 = 35$	5	3
25	C_2	$7 \times 2 = 14$		
× 17		$14 + 3 = 17$	17	
175	C_3	$1 \times 5 = 5$	5	
25	C_4	$1 \times 2 = 2$	2	
425	C_5	$5 + 0 = 5$	5	
	C_6	$7 + 5 = 12$	2	1
	C_7	$1 + 2 = 3$		
		$3 + 1 = 4$	4	

- écrire la lettre A en majuscule d'imprimerie:

C_1: l'élève prend la feuille et le stylo;
C_2: l'élève trace le premier trait:
C_3: l'élève trace le deuxième trait:
C_4: l'élève trace le dernier trait.

- se laver les cheveux à l'évier:

C_1: prendre le shampooing, l'essuie et le peigne;
C_2: placer le shampooing, l'essuie et le peigne près de l'évier;
C_3: enlever sa blouse ou sa chemise;
C_4: remplir l'évier d'eau à bonne température;
C_5: mouiller ses cheveux;
C_6: vider du shampooing sur ses cheveux;
C_7: frotter ses cheveux et le crâne pour avoir de la mousse;
C_8: rincer ses cheveux convenablement;
C_9: essuyer ses cheveux à l'aide de l'essuie;
C_{10}: peigner ses cheveux;
C_{11}: remettre sa blouse ou sa chemise;
C_{12}: reboucher la bouteille de shampooing;
C_{13}: replacer le shampooing, l'essuie et le peigne à l'endroit approprié.

(D'après Gustafson, Hotte et Carsky, 1976, in Sulzer-Azaroff et Mayer, 1977, p. 239).

On peut donc être amené à envisager deux types de comportement: le *comportement-cible* (target-behavior) et le *comportement terminal* (terminal behavior). Le comportement terminal peut en effet comprendre plusieurs comportements-cibles intermédiaires. A remarquer cependant que ces deux termes sont souvent utilisés de façon interchangeable.

Il faut enfin rappeler ici qu'une même priorité éducative peut être traduite en comportements différents. C'est en particulier le cas lorsqu'il s'agit de faire disparaître certains comportements. Dans ce cas, on privilégiera souvent l'acquisition de comportements incompatibles. Ainsi, au lieu de se focaliser sur le comportement «se lever de sa chaise sans autorisation», l'éducateur préférera souvent organiser son programme en vue d'apprendre au sujet à rester assis à son travail.

2. Il faut préciser les principales conditions dans lesquelles ce comportement doit se présenter

Par exemple : dans la classe, durant la première leçon, après que le maître ait donné un travail sur les couleurs à réaliser.

Il faut être particulièrement attentif à préciser exactement les conditions d'apparition du comportement. Sous peine d'apprendre à un sujet un comportement qui ne soit pas adapté aux situations qu'il vivra ultérieurement. Dans certains cas, il sera utile de distinguer deux types de conditions : les conditions dans lesquelles l'apprentissage doit se réaliser et celles dans lesquelles à l'avenir, en dehors de la situation d'apprentissage, le sujet sera appelé à manifester le comportement.

Remarque : ces conditions peuvent être explicitées avec plus ou moins de détails, en fonction de la nécessité. Parfois, en effet, l'éducateur ne mentionne pas un certain nombre de conditions, que l'on peut considérer comme implicites. Ainsi, dans le troisième exemple ci-dessous, l'éducateur a mentionné uniquement : «sur demande verbale (du maître)», sans préciser les conditions de temps, de lieu, etc. Une telle concision ne prête pas à conséquence dans la mesure où toutes les personnes concernées par la réalisation de cet objectif sont bien d'accord sur les conditions dans lesquelles doit apparaître le comportement visé.

3. Enfin, il faut préciser le niveau de performance attendu, pour que l'objectif soit atteint

Par exemple : donner le nom de *trois* objets familiers sur les *quatre* qui sont présentés : chien, table, balle, pomme.

Il faut noter que le niveau de performance attendu doit avoir une *réelle signification sociale*, c'est-à-dire satisfaire les parties concernées : le sujet et son environnement.

Les comportementalistes ont également l'habitude de fixer des *niveaux de performance finale assez élevés*: 8, 9 ou 10 réponses correctes sur 10. On préfère habituellement traduire ces valeurs en pourcentage, ce qui permet de comparer les performances même lorsque les valeurs brutes absolues sont différentes.

*
* *

Comment savoir si un objectif est bien défini? Si son évaluation ne pose aucun problème. On précisera donc, complémentairement, la méthode d'évaluation utilisée (voir le chapitre consacré à l'évaluation du comportement).

*
* *

Voici *3 objectifs* convenablement définis selon ces critères.

Conditions	Comportement	Niveau de performance attendu
10 additions présentées par écrit, par le maître	*Ecrire le total*	*90 % de bonnes réponses en 10 minutes*

Evaluation: *compter le nombre de réponses correctes et chronométrer le temps.*

Lorsque son maître lui présente par écrit 10 additions (sans passage de la dizaine), l'élève doit fournir en 10 minutes maximum et par écrit la réponse correcte dans 90 % des cas.

Conditions	Comportement	Niveau de performance attendu
durant la classe	*ne pas donner de coups de pied à ses camarades*	*0 coup de pied pendant 2 semaines consécutives*

Evaluation: *compter le nombre de coups de pied.*

L'élève ne donne plus de coup de pied à ses camarades, durant la classe et ce pendant deux semaines consécutives.

Conditions	Comportement	Niveau de performance attendu
sur demande verbale	*indiquer les pièces (1 F, 5 F, 10 F, 20 F) et les billets (50 F, 100 F)*	*aucune erreur 100 % de réussite*

Evaluation : *compter le nombre de réponses correctes (et d'erreurs).*

L'élève est capable d'indiquer sur demande verbale et sans erreur les pièces de 1 F, 5 F, 10 F, 20 F et les billets de 50 F et 100 F.

Chapitre 5
Comment observer et mesurer le comportement?

L'observation du comportement est un aspect *fondamental* dans la démarche comportementale, car elle intervient aux différents moments de cette démarche: lors de l'identification des priorités éducatives, de la formulation des objectifs, avant, pendant et après l'application du programme. C'est grâce à elle que l'on peut identifier les priorités et les objectifs à atteindre, que l'on peut évaluer le fonctionnement du sujet avant, pendant et après l'intervention éducative. C'est donc elle qui guide en permanence notre action.

Il faut noter d'emblée que l'observation n'est pas toujours réalisée par un observateur extérieur (parents, éducateurs, etc.); elle peut aussi l'être par le sujet lui-même, dans le cas du self-management ou quand on aborde les «événements intérieurs».

1. Comment observer?

Plusieurs formules sont possibles et le choix doit être fait avec soin en fonction du problème posé, des exigences et des limites concrètes de la situation d'éducation. Deux cas peuvent se présenter: l'activité produit un résultat qui subsiste après la fin de cette activité. Dans ce cas, il suffit d'observer et d'évaluer ce résultat.

§ 1. *Observer les résultats permanents d'une activité* (permanent product). Cette technique d'observation convient donc lorsque l'activité produit un résultat permanent. On comptera, par exemple, le nombre de problèmes réussis, le nombre de vêtements abandonnés sur le sol, le nombre de mots correctement orthographiés.

On rapporte alors la fréquence observée au nombre total d'exercices proposés, de vêtements, ou de mots proposés, et on obtient un pourcentage : par exemple 6 sur 10 ou 60 %.

Avantages : cette technique comporte deux avantages principaux. D'une part, elle est d'une *très grande simplicité* d'application. D'autre part, comme l'observation est réalisée après l'émission du comportement, celui-ci ne subit en aucune façon l'influence de l'observateur ; il n'y a donc *pas de réactivité à l'observateur*, puisque celui-ci observe après la fin de l'activité.

Lorsque l'activité ne produit pas de résultats permanents mais doit être observée en elle-même, on a le choix entre plusieurs formules présentées ci-après.

§ 2. *Observer la fréquence d'un comportement donné* (frequency count, event recording).

On note le nombre de fois qu'un comportement déterminé se présente durant un temps donné, généralement assez long (une demi-heure, une demi-journée, etc.). Par exemple, on note le nombre de fois qu'un élève lève la main, ou se lève de sa chaise, durant une heure de classe.

Afin de pouvoir comparer des observations faites durant des périodes de durées différentes, on calcule le *débit* (rate) des réponses en divisant le nombre de comportements observés par le temps exprimé en minutes. On obtient ainsi le nombre de comportements par minutes.

Exemples :
- 5 comportements en deux minutes   Débit : 5 : 2 = 2,5
- 6 comportements en quinze secondes   Débit : 6 × 4 = 24

La fréquence peut être parfois rapportée au nombre d'individus qui manifestent un comportement donné. Par exemple : par rapport au nombre de sujets qui se brossent les dents, qui lisent, etc. Il ne s'agit plus alors d'un débit mais d'un simple pourcentage.

Nom de l'enfant :	J.G		
Comportement observé :	se frappe la tête contre le mur		
Date	Durée de l'observation	Fréquence d'apparition du comportement	Total
2.9.83	9.00 - 9.30	~~IIII~~ II	7
	11.00 - 11.30	~~IIII~~ IIII	9

Fig. 5.1. Exemple de fiche d'observation des fréquences d'un comportement.

N.B. Le cinquième trait est habituellement fait au travers des 4 autres, de façon à faciliter le comptage.

Quand utilise-t-on cette technique ? Dans le cas de réponses clairement discrètes, c'est-à-dire dont le début et la fin sont *très aisément* identifiables et donc aisément mesurables, et dont la durée est sensiblement pareille à chaque fois (par exemple, saluer quelqu'un, se lever de sa chaise).

Cette technique d'observation convient également pour l'observation des *comportements complexes*, qui ont fait l'objet d'une analyse de tâche, comme se laver les dents, les cheveux. Chaque comportement particulier est considéré ici comme un événement et on indique d'un trait ou d'une croix ceux que le sujet exécute.

Avantages : le comptage est simple et facile. De plus, cette technique met aisément en évidence les changements obtenus suite à l'apprentissage.

Inconvénients : cette technique ne tient pas compte de la durée des comportements observés qui peut varier très fort selon les circonstances ; d'où une perte au niveau de la précision des observations, puisque deux comportements identiques mais de durée différente seront notés exactement de la même façon. Ainsi, une crise de colère (cris, trépignement, lancer d'objets) qui dure quelques secondes est comptée une seule fois, tout comme une crise de colère qui durerait plusieurs minutes.

§ 3. *Observations par intervalles de temps.*

Dans cette technique, on observe le comportement pendant une période limitée de temps, *divisée elle-même en intervalles temporels courts* (par exemple, 5 secondes, 10 secondes ou 15 secondes). On fait un trait dans l'intervalle considéré, si le comportement se présente durant cet intervalle.

Trois cas peuvent se présenter, selon les comportements à observer et les choix de l'observateur.

- Le comportement doit durer *tout l'intervalle* pour être noté. Cette formule est utilisée pour l'observation des comportements qui, par nature, persistent un certain temps, comme travailler assis à son bureau, jouer à un jeu avec un camarade. Cela n'aurait guère de sens de travailler assis à son bureau pendant 2 ou 3 secondes ou de jouer avec un camarade pendant un temps également de quelques secondes. Dans ces cas, on ne note le comportement que s'il a duré pendant tout l'intervalle (observation par intervalles complets).

- Le comportement doit se présenter *au moins une fois pendant l'intervalle* pour être noté et il n'est noté qu'une seule fois. Cette technique d'observation est surtout utilisée avec des comportements de faible durée et qui peuvent se répéter à une cadence rapide, comme des gestes bizarres, des comportements stéréotypés (observation par intervalles partiels).

Si un même comportement dure un certain temps et chevauche deux ou plusieurs intervalles, il est noté une fois dans chaque intervalle temporel durant lequel il se présente.

- Le comportement est *présent au moment où l'intervalle se termine*. Par exemple, on notera à la fin de l'intervalle de 10 secondes si l'enfant a son pouce en bouche ou s'il est occupé à travailler. Cette dernière technique a l'avantage de ne pas exiger une observation continue; il suffit en effet d'observer le comportement à la fin de chaque intervalle (observation en fin d'intervalle).

La durée de ces intervalles peut par ailleurs être constante ou variable. L'utilisation d'intervalles temporels de durée variable a l'avantage d'éviter au maximum au sujet de se sentir observé, et donc de biaiser l'observation.

Cette dernière technique, étant donné sa facilité d'utilisation, est également employée avec des intervalles temporels plus longs (on parle alors de la technique d'échantillonnage du temps ou time sampling); on obtient ainsi une image assez représentative du comportement sur de longues périodes, sans cependant devoir observer en permanence le sujet.

La conversion en *pourcentage* est facile. Il suffit de diviser le nombre d'intervalles temporels pendant lesquels la réponse a été observée par le nombre total d'intervalles d'observation. Il est à noter que ce calcul ne porte pas sur les comportements mais sur le nombre d'intervalles pendant lequel il y a comportement. Cette technique d'observation ne fournit donc pas exactement le «nombre de comportements» mais le *«nombre d'intervalles pendant lesquels il y a comportement»*.

Le *principal avantage* de cette technique est sa grande souplesse. Elle convient tant aux comportements qui ont un début et une fin clairement discernables, que l'on appelle habituellement des comportements *discrets*, qu'aux comportements dont le début et la fin ne sont pas clairement discernables, appelés aussi comportements *continus*. En cas de doute sur la stratégie à utiliser, on recourra donc à cette technique.

Cette méthode d'observation convient également pour observer plusieurs comportements chez un même sujet ou un même comportement chez plusieurs sujets. Dans ce dernier cas, on utilise souvent une fiche d'observation et un code. Il est également judicieux de laisser 5 secondes pour noter ces comportements sur la fiche ad hoc.

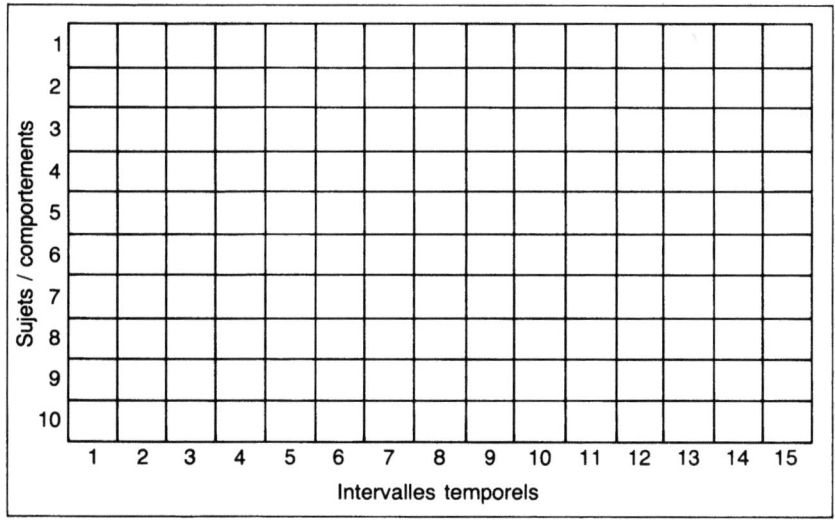

Fig. 5.2. Exemple de fiche d'observation par intervalles temporels.

Inconvénient: cette méthode d'observation ne convient guère quand le comportement est très peu fréquent, lorsqu'il apparaît par exemple moins d'une fois en quinze minutes ou lorsqu'on n'est pas dans les conditions pour observer attentivement.

§ 4. *Observer la durée du comportement* (duration recording).

On déclenche le chronomètre quand le comportement débute et on l'arrête quand il se termine.

Exemples: évaluer le temps consacré à un travail ou encore la durée d'une crise de colère.

On peut également évaluer le temps de latence avant l'exécution d'une réponse (latency recording): par exemple, le temps avant de se mettre au travail ou d'exécuter un ordre donné.

§ 5. *Evaluer l'intensité d'un comportement.*

Pour le comportement verbal, on notera par exemple le nombre de mètres séparant l'auditeur de celui qui parle; mais cette formule ne va pas sans mal! On pourra également utiliser certains procédés électroniques qui permettent de transformer l'intensité verbale en signaux visuels.

2. Qualités d'une bonne observation

Vu l'importance attachée à l'observation, il est essentiel que celle-ci réponde à certains critères de qualité, notamment sur le plan de la validité et de la fidélité.

§ 1. *Validité*: il importe de choisir un système d'observation qui porte sur des *comportements traduisant exactement la variable que l'on souhaite mesurer*. Par exemple, si l'on étudie la mémoire, on pourra observer la capacité du sujet à reproduire des chiffres après les avoir lus ou entendus. Dans d'autres situations, le choix n'est cependant pas aussi simple. Pour évaluer la socialisation, faut-il tenir compte de la façon de se coiffer ou d'utiliser un langage adéquat? Comment évaluer la participation sociale: en évaluant la capacité de jouer à des jeux de groupe, ou de diriger une équipe? Pour évaluer l'agressivité, faut-il tenir compte des coups donnés par le sujet dans les situations où il ne doit pas se défendre?

Habituellement, mais surtout en cas de doute, on pourra solliciter l'avis de juges informés du problème à observer.

§ 2. Les résultats doivent être *fidèles*, c'est-à-dire refléter *adéquatement* le comportement de l'enfant.

On insiste beaucoup sur cette fidélité des observations :

- parce que c'est un des moyens les plus sûrs de savoir si le comportement est bien défini (il l'est, si des observateurs différents font des évaluations semblables) et donc si le programme sera facile à appliquer de façon cohérente;
- parce que si les observations ne sont pas fidèles, on ne pourra juger de l'efficacité du programme d'intervention (puisqu'il n'y a pas accord sur le point de départ).

Cette fidélité peut prendre *deux formes* : la fidélité inter-observateurs (reliability) et l'exactitude (accuracy). Dans le premier cas, on utilisera deux observateurs au moins, dont un ne sera pas familier avec le programme d'intervention. Ces observateurs feront des observations *simultanées* mais *indépendantes* (c'est-à-dire que chaque observateur ignorera quand l'autre est occupé à observer) et à *différents moments* de l'application du programme (avant l'expérience, durant la ligne de base, durant toute la durée de l'application de la condition expérimentale et après la fin du programme).

Dans le second cas, on compare les observations faites par un observateur à une *observation standard*, considérée comme reflétant exactement la réalité. Dans la pratique, cette dernière formule n'est possible que si on dispose d'un enregistrement préalable des observations, par vidéo par exemple, à partir desquelles on peut établir cette observation standard.

Le *pourcentage d'accord habituellement requis* se situe entre 80 et 100 %.

Ce pourcentage d'accord se *calcule* de la façon suivante :

- On divise la fréquence la plus petite par la fréquence la plus élevée et on multiplie par 100. Cette formule permet de vérifier s'il y a accord global, mais non si l'accord porte sur chaque réponse en particulier.

Exemple : $\dfrac{\text{fréquence la plus petite}}{\text{fréquence la plus grande}} = \dfrac{10}{12} \times 100 = 83\ \%$

Cette formule convient également lorsque l'observation porte sur la durée du comportement ou sa latence.

- Lorsque l'on a utilisé l'observation par intervalles temporels, on calcule ce pourcentage d'accord en divisant le nombre d'intervalles où il y a accord entre les deux observateurs par le nombre d'intervalles durant lesquels il y a accord, augmenté du nombre d'intervalles durant lesquels il y a désaccord.

$$\frac{\text{nombre d'intervalles «accord»}}{\text{nombre d'intervalles «accord» + nombre d'intervalles «désaccord»}}$$

Attention! *On ne tient pas compte des intervalles temporels durant lesquels aucun comportement n'a été observé*, afin d'éviter une inflation trompeuse des pourcentages d'accord. L'observation porte en effet sur l'occurrence d'un comportement, sur son apparition et la fidélité est calculée sur le pourcentage d'accord quant à l'apparition de ce comportement.

De plus, on considère qu'il est trop facile de se mettre d'accord sur la non-apparition d'un comportement. On ne tient donc pas compte des intervalles durant lesquels les observateurs sont d'accord pour constater la non-apparition d'un comportement donné.

Exemple : Pour un comportement observé durant 30 intervalles de 10 secondes, on note 10 cas d'accord, 5 cas de désaccord et 15 intervalles sans comportement.

Selon la formule ci-dessus, on obtient 66 % d'accord :

[10 / (10 + 5)] ×100. Si, par contre on ne tient pas compte de la remarque ci-dessus, on obtient un pourcentage d'accord de 86 %, soit [25 / (25 + 5)] × 100.

Remarque : Lorsque plus de deux observateurs procèdent à des observations simultanées en vue d'un calcul de la fidélité, il faut évidemment calculer la fidélité en comparant les observations deux à deux, puis éventuellement faire ensuite une moyenne des pourcentages d'accord. Dans le cas où on utilise la première formule, on peut se contenter de comparer la fréquence la plus petite à la plus grande et ne pas pousser plus avant les comparaisons, pour autant bien sûr que le pourcentage d'accord soit déjà supérieur à 80 %. Dans la pratique cependant, il est souvent plus intéressant de comparer les observations deux à deux.

§ 3. Les résultats obtenus doivent être *représentatifs* du comportement sur l'ensemble de plusieurs jours. En effet, les techniques d'observation sont souvent utilisées conjointement avec un *échantillonnage du temps*. L'évaluation continue d'un comportement n'est pas toujours possible, ni même nécessaire. Ainsi, on déterminera la durée et les moments d'observation soit au hasard, soit en fonction du problème posé, de manière à obtenir des résultats qui soient représentatifs du comportement total.

Pour chaque observation, on indiquera : le nombre d'observations, la durée totale des observations et les moments d'observation.

3. Comment choisir la meilleure méthode d'observation ?

Pour vous faciliter le choix de la méthode d'observation, nous vous proposons ci-dessous (fig. 5.3.) un résumé, articulé autour de deux contraintes : contrainte liée aux caractéristiques du comportement à observer et contrainte liée à la situation d'observation. Il est à noter d'emblée qu'un même comportement peut être observé à l'aide de techniques différentes.

Exemple : frapper les autres : on peut soit compter le nombre de fois qu'un enfant frappe les autres durant 15 minutes, soit noter si ce comportement apparaît pendant des intervalles temporels de 15 secondes durant ces mêmes 15 minutes, soit encore noter s'il apparaît à la fin de chacun de ces intervalles de 15 secondes, soit encore noter la durée de ce comportement.

D'autres critères interviennent aussi dans le choix d'une technique d'observation :

- le choix d'une technique est en effet fonction du *degré de finesse* des observations que vous souhaitez réaliser. Ainsi, en ne notant que la fréquence des comportements, vous faites fi de leur durée ;

- il est important aussi d'*utiliser des techniques qui n'ont pas tendance à fournir des résultats dans le sens attendu en fonction de votre hypothèse*. Ainsi, lorsque dans le cadre de la technique d'observation par intervalles temporels, vous ne notez un comportement que s'il dure tout l'intervalle, vous sous-estimez la durée de ce comportement. Vous utiliserez donc cette technique d'observation, si vous voulez augmenter la variable dépendante, et en l'occurrence ici la durée. Par contre, si vous voulez diminuer la probabilité d'apparition d'un comportement, vous avez intérêt à utiliser la technique d'observation par intervalles partiels.

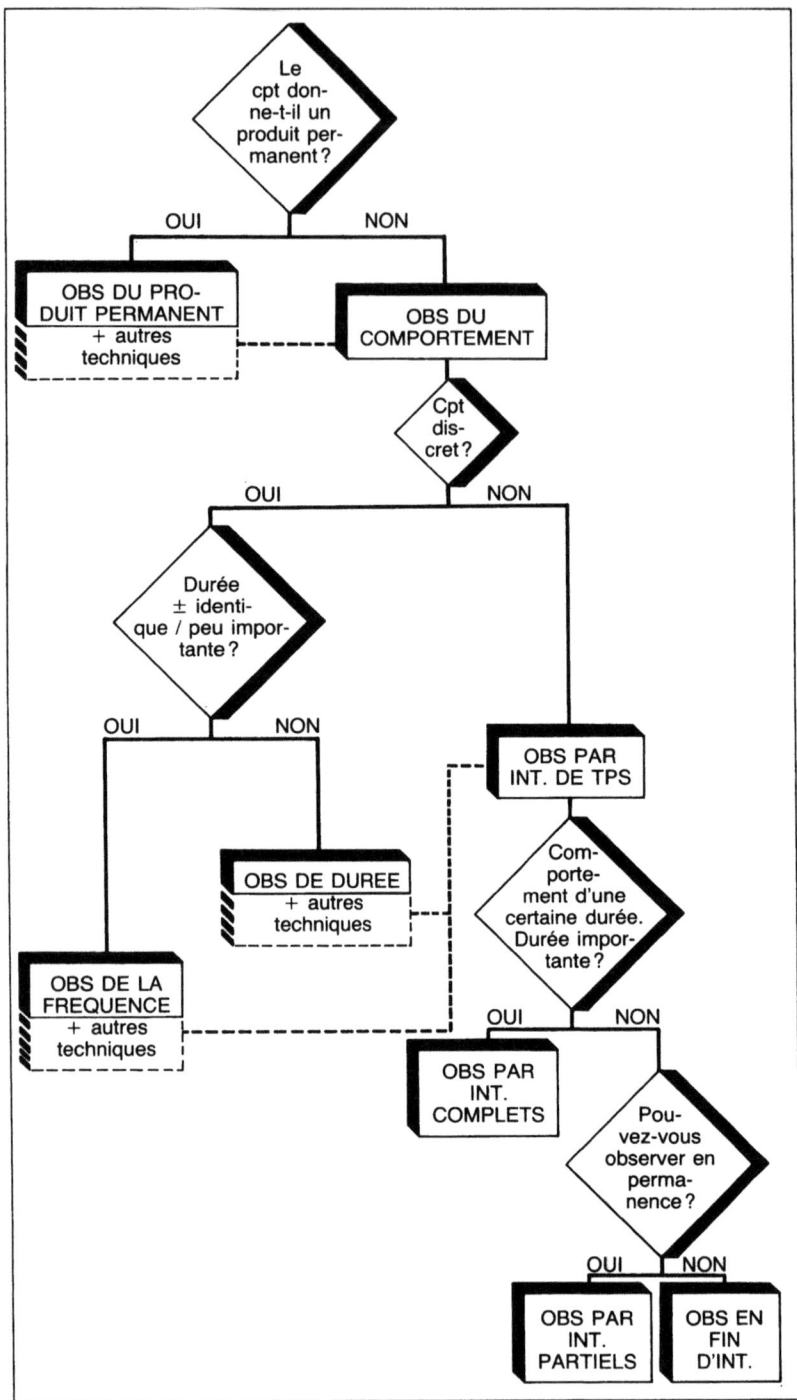

Fig. 5.3. Diagramme facilitant le choix d'une technique d'observation.

4. Comment réaliser une bonne observation?

§ 1. Il importe de déterminer d'abord *qui observe*. Trois cas sont généralement possibles: ou bien on utilise deux ou plusieurs observateurs qui sont étrangers à l'objectif du travail, par exemple dans le cadre d'une recherche; ou bien l'intervenant lui-même pratique l'observation; ou bien encore le sujet peut lui-même réaliser une auto-observation. Dans la plupart des cas, on utilise la formule n° 2 et l'observateur est en même temps l'intervenant.

§ 2. Il faut s'assurer de plus que les observateurs sont *adéquatement formés*. La qualité de cette formation se révèlera notamment au travers des calculs de fidélité inter-observateurs. Rappelons qu'il importe de programmer des contrôles de la fidélité à divers moments de la réalisation de l'intervention, afin de s'assurer que l'observation est fidèle en permanence.

§ 3. Veillez à ce que la *réactivité à l'observation* soit aussi faible que possible, et permettez une adaptation des sujets aux conditions de l'observation, avant d'établir le niveau de ligne de base qui précède l'introduction des conditions expérimentales.

§ 4. *Les outils de l'observateur.*

- Les outils de base: chronomètre, minuterie, sons enregistrés sur une cassette et qui peuvent être transmis par écouteur (bip toutes les 15 secondes ou toutes les 10 secondes pendant 10 ou 15 minutes); il est également possible d'enregistrer au préalable sur cassette toute instruction utile (par exemple: «observer..., noter..., observer..., noter..., etc.»).
- Porte-documents, fiches et crayons (avec gomme).
- Compteurs.

On pourra également faire appel à certains moyens techniques particuliers, qui faciliteront et parfois remplaceront l'observation directe. Outre le miroir sans tain ou à vision unique (one way mirror), on utilise surtout des moyens d'enregistrement mécanique, électrique ou électronique, qui enregistrent automatiquement la réponse émise par le sujet:

- *Chaise* qui enregistre immédiatement chaque fois que le sujet la quitte.

Avantages:
- Fidélité maximale;
- Facilité d'utilisation.

Désavantages :
- Procédé difficilement utilisable sur le terrain, dans des conditions naturelles ;
- On court toujours le risque de modifier la réponse que l'on essaye de mesurer ;
- Système coûteux.

- *Vidéo-film :*

Il s'agit ici de méthodes pour essentiellement conserver et stocker l'information ; tout le travail d'observation reste à faire.

Avantages : ces méthodes conviennent surtout :
- quand les actions ou mouvements observés sont rapides ;
- quand ce que l'on doit observer est complexe ;
- quand on veut noter des changements très subtils (par exemple, des changements dans l'orientation du regard) ;
- quand on étudie des changements successifs de comportements assez complexes (par exemple, passage du comportement d'investigation au comportement de jeu) ;
- quand on veut mesurer de façon précise certains paramètres de certains comportements complexes.

Précautions à prendre :
- filmer, au début de la bande, un panneau indiquant la date, le lieu, l'activité, etc., en un mot, toute information utile pour identifier ce qui se trouve sur la bande ;
- familiariser les sujets observés à la présence de la caméra.

- *Magnétophone :*

Le magnétophone peut être utilisé pour décrire verbalement, et au fur et à mesure du déroulement de l'observation, tout ce qui se passe ; ensuite, on retranscrit. On se servira également du magnétophone lorsque le comportement à observer est précisément le comportement verbal.

Avantages :
- Procédure économique ;
- Utile pour défricher le terrain (avant usage de systèmes d'observation plus compliqués).

- *Appareils d'enregistrement* (event recorder)

Il s'agit d'un moyen automatique qui enregistre l'apparition d'un événement (compteur manuel, par exemple) et souvent aussi sa durée. Dans ce dernier cas, il s'agit d'un tambour tournant à vitesse constante et connue, sur lequel un bras mécanique se déplace et fait une marque lorsque le comportement apparaît. On pourra aussi utiliser d'autres appareillages électroniques (le Datamyte).

5. Présentation des résultats

1. La présentation *numérique* des résultats est habituellement faite par les comportementalistes à l'aide des données simples suivantes : débit, pourcentage, moyenne ou médiane.

2. Dans le but de mieux rendre compte de l'évolution des comportements suite à l'intervention, on a pris l'habitude de transformer les résultats numériques en *données graphiques*. Les résultats sont donc reportés sur un graphique réalisé habituellement selon le même principe : *le temps est situé en abscisse et la performance en ordonnée.*

En ce qui concerne le *temps*, on indique soit le jour, soit la session. Dans de nombreux cas, on préfère indiquer la suite des jours, car cette façon de faire respecte davantage le rythme de vie naturel et fait bien apparaître les changements éventuels en rapport avec la succession des jours (effets du week-end, des vacances, etc.).

Quant au *comportement du sujet*, il est noté en ordonnée sous forme de pourcentage ou de débit, selon deux échelles possibles : échelle à intervalles égaux où chaque valeur de pourcentage ou de débit est représentée par un intervalle de même importance, ou échelles à intervalles logarithmiques avec laquelle il est possible de noter un nombre quasi infini de comportements allant jusqu'à 1.000 comportements par minute (graphique comportemental standard de l'enseignement de précision).

Quel que soit le type de représentation utilisé, il est essentiel d'indiquer *explicitement* et aussi brièvement que possible la signification des axes.

Quels sont les critères d'un bon graphique ?
- tous les traits seront tracés à la règle ;
- la signification de l'ordonnée et de l'abscisse sera indiquée ;
- les valeurs d'ordonnée et d'abscisse seront correctement indiquées ;
- les points seront correctement placés ;
- les conditions seront identifiées par un nom et séparées d'un trait ;
- le graphique sera propre.

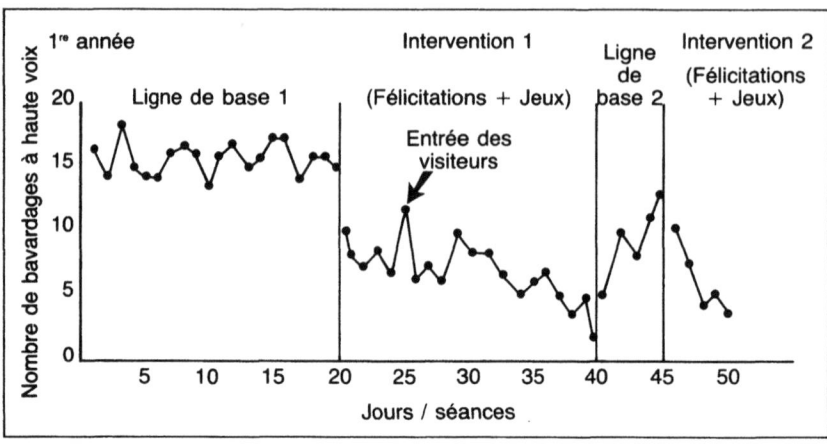

Fig. 5.4. Nombre de bavardages à haute voix durant une activité d'une heure dans une classe de première année, accueillant des enfants de milieux défavorisés.

6. Analyse des résultats: y a-t-il changement?

§ 1. Pour l'étude des *données numériques*, on peut employer des méthodes statistiques en vue de déterminer si les modifications obtenues sont *statistiquement significatives*: test T de Student, analyse de variance, tests non paramétriques; la préférence sera souvent donnée à ces derniers car habituellement, on travaille avec des données de type ordinal et des échantillons assez limités.

Remarquons cependant que la démarche comportementale n'est pas outre mesure préoccupée par les comparaisons impliquant des *groupes* de sujets et qu'elle a mis au point des stratégies de vérification scientifique dites stratégies de vérification de la causalité où n = 1. (Voir chapitre 13 sur les stratégies de vérification de la causalité).

§ 2. Quant aux *graphiques*, on met le changement en évidence en reliant les résultats individuels par une ligne et en signalant les différentes phases d'un programme par un trait vertical. Reportez-vous à la figure 5.4.

Lorsqu'on veut éliminer les variations accidentelles, on peut considérer les moyennes ou médianes et les relier également par un trait. Mais cette formule est peu utilisée.

Il existe également certaines méthodes particulières pour mettre en évidence l'évolution des résultats, notamment dans le cadre de «l'enseignement de précision» (voir Haring et Schiefelbusch, 1976; Pennypacker, Koenig et Lindsley, 1972).

Chapitre 6
Analyse fonctionnelle et choix des procédures d'intervention

Ayant défini les priorités éducatives, traduit ces priorités en objectifs opérationnels et procédé à une première observation du comportement, il nous faut à présent *faire choix des stratégies d'intervention* à employer. Ce choix s'appuie sur le raisonnement expérimental dont il a été question au chapitre 2 et sur d'autres critères complémentaires, que nous allons à présent envisager en détail.

1. Le raisonnement expérimental et l'analyse fonctionnelle

Dans le chapitre 2, nous avons présenté les principes de base de l'approche comportementale et le paradigme S-R-S. C'est sur base de ces principes que le comportementaliste identifie et choisit les procédures les plus adéquates. A cette fin, il se pose deux questions :

1. *Quels sont les événements de l'environnement, précédant le comportement et qui influencent sa probabilité d'apparition ?* Par exemple, si nous considérons qu'un enfant doit collaborer davantage avec un camarade, et en particulier jouer avec lui à un jeu simple, pendant 10 minutes au moins sans se disputer, quelles sont les conditions de milieu qui favoriseront l'émission du comportement ? Il en va de même si nous voulons lui apprendre à identifier cinq dessins correctement, ou encore diminuer ses comportements d'agressivité vis-à-vis des plus jeunes.

2. *Quels sont les événements de l'environnement se présentant immédiatement après le comportement et qui sont susceptibles d'en modifier la probabilité ultérieure d'apparition?* En d'autres mots, quelles conséquences sont disponibles? Et quelles conséquences sont déjà utilisées?

Pour répondre à ces deux questions, l'éducateur comportemental procède à une *analyse fonctionnelle* (functional analysis), qui s'efforce de rechercher les *relations fonctionnelles* entre un comportement donné et son environnement. On parle aussi d'*analyse des contingences* (contingency analysis), puisque cette analyse a pour but d'identifier les relations de contingence entre un comportement et son environnement.

A remarquer que parfois cette analyse a déjà été faite au moment de l'établissement des priorités et de la formulation des objectifs. Dans le cas contraire, il est essentiel de la mener rigoureusement au moment du choix des stratégies d'intervention.

Pour faire cette analyse fonctionnelle, on identifie les 3 éléments du paradigme comportemental: les stimuli antécédents, le comportement, les stimuli conséquents. Cette analyse peut porter sur une séquence particulière, lorsqu'il s'agit par exemple de comportements-problèmes à faire disparaître.

Stimuli antécédents	Comportements	Stimuli conséquents

Fig. 6.1. Fiche destinée à l'analyse fonctionnelle.

Voici un exemple d'analyse fonctionnelle, tiré de Gelfand et Hartman (1975):

Jean (J) est un garçon de 5 ans, qui fréquente un jardin d'enfants. Il est dans sa classe avec cinq autres enfants et sa maîtresse (M). Dans la pièce, se trouvent un piano, un cheval à bascule, 3 chaises, un électrophone portatif et des jeux disposés sur une table. M. apprend aux enfants comment exécuter divers mouvements de danse. M. dit à ses élèves: «Personne ne doit monter sur le cheval à bascule». J. grimpe sur le cheval. M.: «S'il te plaît, descends, J.». J. descend du cheval à bascule et M. dit: «Merci, J.». Puis J. monte sur une chaise et s'y met debout. M.: «S'il te plaît, J., descends de la chaise. Les enfants, vous ne vous asseyez pas sur la chaise et n'approchez pas de la table». J. reste sur la chaise. M.: «J., descends de la chaise maintenant». J. fait une grimace et dit: «Mes souliers me font mal». M.: «Descends de la chaise, J.». J.: «Je dois d'abord enlever mes souliers». Il enlève ses souliers lentement et descend alors de la chaise. M.: «Mettez-vous en rang». J. ne réagit pas, joue avec une babiole qui traîne sur le sol et pousse une petite voiture d'avant en arrière. M. s'approche de J., lui prend le bras et le pousse dans le rang avec les autres enfants. Ils marchent.

Stimuli antécédents	Comportements	Stimuli conséquents
1. M.: «Personne ne doit monter sur le cheval à bascule».	2. J. grimpe sur le cheval à bascule.	3. M.: «S'il te plaît, descends».
3. (Idem conséquences)	4. J. descend du cheval.	5. M.: «Merci, J.».
5.	6. J. monte sur une chaise et s'y met debout.	7. M.: «S'il te plaît, descends de ta chaise».
7.	8. J. reste sur la chaise.	9. M.: «J., descends de la chaise maintenant».
9.	10. J. fait la grimace et dit: «Mes souliers me font mal».	11. M.: «Descends de la chaise».
11.	12. J.: «Je dois d'abord enlever mes souliers». Il enlève ses souliers, descend lentement de la chaise.	13. M.: «Mettez-vous en rang».
13.	14. J. ne réagit pas, joue avec une babiole, pousse une voiture.	15. M. s'approche de J., lui prend le bras et le pousse dans le rang.
15.	16. J. et ses camarades marchent.	

Remarque: On observera que les stimuli conséquents d'un comportement sont également les stimuli antécédents du comportement suivant.

L'analyse fonctionnelle peut aussi se présenter sous forme d'une synthèse, résumant différentes observations ponctuelles.

Antécédents	Comportements	Conséquences
- Matière présentée : français, ...	- Ce que le sujet fait	- Réaction du maître / éducateurs / parents
type de travail exigé : seul, en groupe, ...		- Réactions des pairs
- Temps : jours, heures, après des repas, etc.		- Réactions du sujet sur le plan de l'auto-renforcement
- Contexte social		

Fig. 6.2. Fiche-synthèse d'analyse fonctionnelle.

De cette analyse, le comportementaliste déduit une *hypothèse fonctionnelle*, qui établit les relations fonctionnelles entre le comportement et son environnement. Ainsi, dans l'exemple ci-dessus, l'hypothèse fonctionnelle relative aux comportements de Jean pourrait être formulée comme suit : l'institutrice est probablement occupée à renforcer les comportements de « désobéissance » de Jean, par ses différentes interventions verbales.

Sur base de cette hypothèse fonctionnelle, l'éducateur peut alors déterminer les modifications à introduire au niveau des antécédents et des conséquences, de façon à obtenir le changement comportemental souhaité. Les procédures intervenant à ces deux niveaux seront envisagées dans les chapitres suivants.

Attirons l'attention sur le fait que lorsque le comportementaliste se trouve confronté à la nécessité de faire *apparaître un comportement qui ne se présente pas*, l'analyse fonctionnelle lui fournira des indications utiles dans la mesure où elle lui permettra d'identifier les antécédents et conséquences empêchant la manifestation de ce comportement. Lorsque cette identification sera impossible, notamment dans le cas où le sujet n'a jamais manifesté auparavant un tel comportement et est donc supposé incapable de le faire, il devra établir son hypothèse sur base de sa connaissance des principes comportementaux et faire appel à des stratégies complémentaires d'apprentissage, comme le façonnement ou l'apprentissage d'une chaîne de réponses (voir le chapitre 8).

2. Autres critères de choix des procédures d'intervention

S'il dépend en premier lieu de l'analyse fonctionnelle, le choix des procédures d'intervention est fonction également d'autres critères. On privilégiera en premier lieu les *stratégies qui visent l'acquisition et l'apprentissage de nouveaux comportements* plutôt que la suppression de comportements considérés comme inadaptés. Non seulement cette procédure est souvent plus efficace, car elle apprend au sujet la façon correcte de se comporter, mais elle est aussi éthiquement plus acceptable.

D'autre part, on choisira les *procédures les moins contraignantes et les moins artificielles possible*, de façon notamment à faciliter le maintien du comportement dans les situations naturelles. A condition cependant qu'elles aient de bonnes chances de donner le résultat attendu. Il faut en effet, et c'est le troisième critère, que les stratégies utilisées aient de sérieuses chances de donner le résultat attendu et répondent à l'exigence d'*efficacité*.

Enfin, certaines procédures pourront être considérées comme *éthiquement inacceptables* dans un milieu donné, ou dans certaines circonstances précises. Ce sera notamment le cas de certaines procédures de diminution du comportement, impliquant la présentation de stimuli aversifs.

Chapitre 7
Comment augmenter l'émission d'un comportement?

Parmi les procédures d'intervention, celles qui visent à augmenter l'émission d'un comportement sont sans doute les plus simples et les plus faciles à utiliser. Elles n'exigent pas en effet l'apprentissage d'une nouvelle réponse, mais simplement d'en modifier la fréquence ou la durée. Sont ici visés les sujets qui présentent certains comportements corrects mais avec une fréquence trop faible ou une durée trop peu importante: ils ne résolvent que trois additions sur dix; ils parlent, mais très peu; ils arrivent à l'heure en classe une fois sur cinq; ils ne se tiennent à leur travail que pendant un temps très court; ils n'ont avec les autres que des contacts occasionnels.

Deux types de procédures peuvent être utilisés: la procédure de présentation d'un renforçateur positif et la procédure de retrait d'une situation aversive.

1. Procédure de présentation d'un renforçateur positif

Cette procédure est une application du principe fondamental de l'approche opérante. Elle *consiste à faire suivre le comportement d'un renforçateur positif entraînant une augmentation de sa probabilité ultérieure d'apparition (sa fréquence ou sa durée).*

1. Types de renforçateurs

On peut classer les renforçateurs en quatre types principaux :

1. Renforçateurs destinés à être *consommés* : nourriture, boisson, friandise, crème glacée, etc. (renforçateurs *primaires*).
2. Renforçateurs *sociaux* : félicitations, sourires, baisers, contacts corporels, etc. Ces renforçateurs sociaux présentent certaines caractéristiques intéressantes :
   - ils sont faciles à administrer ;
   - ils ne provoquent habituellement pas une interruption du comportement qui est renforcé ;
   - ils sont « naturels » ;
   - ils sont souvent associés à un feed-back informatif portant sur le comportement renforcé (« ta réponse est juste ; tu écoutes attentivement ;... »).
3. *Activités « intéressantes »* : c'est-à-dire celles que l'enfant entreprend volontiers, qu'il exécute souvent : jouer à la poupée, aller au cinéma, sortir avec un adulte, manipuler un instrument, etc. Ces activités intéressantes ne correspondent pas nécessairement aux activités que l'enfant *dit* aimer.
4. *Renforçateurs intermédiaires* (moyen d'obtenir un renforçateur d'un autre type) ou *conditionnés* (agissant comme renforçateurs suite à une association répétée avec les renforçateurs primaires) ou *généralisés* (qui peuvent être échangés contre divers types de renforçateurs) : argent, bons points, jetons, marques.

   Ces renforçateurs intermédiaires présentent certaines caractéristiques très intéressantes :
   - ils sont faciles à distribuer immédiatement après le comportement, et ne provoquent habituellement pas l'interruption de l'activité ;
   - ils sont souvent appréciés pour leurs caractéristiques spécifiques : forme, couleur, etc. ;
   - ils peuvent être épargnés ;
   - ils sont faciles à échanger selon un « tarif » (menu) préalablement fixé, connu de l'enfant et adapté à son cas ;
   - ils donnent accès à une variété de renforçateurs d'échange ou d'appui (back-up reinforcers) : le risque de satiété est considérablement diminué et il est davantage possible de respecter les différences individuelles de chaque sujet.

Il importe d'accorder la plus grande attention au *choix* des renforçateurs appropriés :

– Ce choix sera *individuel* et s'appuiera sur une observation attentive de chaque sujet. On peut aussi questionner le sujet pour savoir ce qu'il aime. Ce qui est renforçant pour l'un ne l'est pas nécessairement pour l'autre ! On pourra utilement se servir de listes de renforçateurs ou encore de la fiche à compléter de Tharp et Wetzel.

– On veillera à adapter ces renforçateurs au *niveau du sujet* : on veillera évidemment à prévoir des renforçateurs intrinsèques à l'activité, mais on ne négligera pas non plus, en particulier avec les handicapés graves et lors des premières phases du programme d'intervention, les renforçateurs extrinsèques.

On veillera aussi à utiliser des renforçateurs de niveau de plus en plus élevé, pour finalement ne plus faire appel qu'aux renforçateurs que l'on trouve dans le milieu naturel.

– On ne s'en tiendra pas à un seul type de renforçateurs; on en utilisera *plusieurs en même temps*, parmi lesquels on retrouvera souvent le renforçateur social.

– Les « activités intéressantes » notamment doivent faire l'objet d'une attention toute spéciale. En effet, une activité est apprise plus facilement si elle est suivie d'une autre, intéressante pour l'enfant; c'est le *principe de Premack*. En termes comportementaux, ce principe peut être défini de la façon suivante : un comportement à haute probabilité d'apparition peut servir de renforçateur d'un comportement à basse probabilité d'apparition, entraînant ainsi une augmentation de la probabilité ultérieure d'apparition de ce dernier comportement. Dans l'organisation des horaires, ce principe ne sera pas oublié. A noter cependant que certaines activités comme prendre ses repas, avoir certaines activités de détente, etc. peuvent être considérées comme des *droits fondamentaux* qui de toute façon sont acquis à l'individu et ne peuvent être utilisées comme renforçateurs.

2. *Quand dispenser les renforçateurs ?*

Le renforçateur doit être dispensé *immédiatement* après la réponse à renforcer. Si tel n'est pas le cas, on risque de renforcer — sans le vouloir — le comportement qui se serait intercalé entre la réponse souhaitée et la conséquence. D'où souvent, la nécessité de recourir à des renforçateurs *intermédiaires*.

Cette règle de l'immédiateté est surtout importante *au début de la phase d'apprentissage*. Une fois le comportement bien acquis, il est possible d'augmenter le temps entre une réponse donnée et le renforçateur; c'est ce qui se produit dans la vie courante. Dans ce cas, il est souvent conseillé de rappeler le lien entre le renforçateur et le comportement : par exemple, «tu peux jouer avec moi parce que tu as bien réussi tes problèmes».

3. Comment dispenser les renforçateurs : les programmes de renforcement

La dispensation des renforçateurs se fait selon certaines règles. C'est ce qu'on appelle un «*programme de renforcement*» (reinforcement schedule). On distingue deux grandes catégories de programmes de renforcement : le *renforcement continu* (continuous reinforcement), octroyé après chaque réponse correcte, et le *renforcement intermittent* (intermittent reinforcement) dans lequel chaque réponse correcte n'est plus renforcée. Nous n'aborderons ici que le programme de renforcement continu, parce que c'est celui dont on se sert pour augmenter la probabilité d'apparition d'une réponse. Les autres types de programme seront présentés au chapitre 11, car ils sont utilisés pour maintenir le comportement et généraliser les stimuli.

Dans le renforcement continu, le renforçateur est octroyé *après chaque réponse correcte*. Il provoque une amélioration rapide du comportement, mais celui-ci disparaît vite quand le renforcement devient discontinu (si l'on ne prend pas certaines précautions).

4. Quantité de renforçateurs

Il s'agit ici d'un problème complexe, non résolu sur le plan théorique. D'une manière générale, *plus la quantité de renforçateurs est importante, plus fréquente sera la réponse*. Il y a cependant des limites :

- Des renforçateurs trop importants risquent de provoquer la *satiété*. Ceci se produit surtout pour les renforçateurs primaires, comme la nourriture ou les boissons, mais s'applique beaucoup moins aux renforçateurs secondaires, comme les félicitations et encore moins aux renforçateurs généralisés (argent, bons points, etc.).
- Un sujet préalablement *privé* de certains renforçateurs (par exemple, en état de faim ou dont on ne s'occupe guère) réagira d'autant mieux à ces mêmes renforçateurs (ici, la nourriture ou l'attention sociale).

5. Qui dispense ces renforçateurs ?

Ces renforçateurs peuvent être dispensés par l'*éducateur*. Ils peuvent être également dispensés dans de nombreuses situations éducatives courantes par d'*autres enfants*. C'est ce qui se produit par exemple lorsque des élèves rient des «bêtises» d'un de leurs camarades; ce qui complique singulièrement la tâche de l'éducateur. On veillera également à ce que le *sujet* puisse lui-même s'autorenforcer.

Concrètement, l'application correcte de la procédure de présentation d'un renforçateur positif implique le respect des *règles suivantes*:

- le renforçateur sera distribué immédiatement après l'émission de la réponse correcte;

- en début de programme, le renforçateur sera distribué selon un programme de renforcement continu, puis ultérieurement de renforcements intermittent;

- lorsqu'il importe d'augmenter la durée d'émission d'un même comportement, on procède de façon progressive. Ainsi, pour apprendre à un enfant à se concentrer un certain temps sur son travail, on allongera progressivement le temps de concentration requis pour obtenir le renforçateur: 5 secondes, 10 secondes, 15 secondes, 30 secondes, 45 secondes, 1 minute, etc.

- en ce qui concerne la quantité de renforçateurs nécessaires, on procèdera par essais; il vaut mieux en utiliser davantage que trop peu. On tiendra également compte de l'état de privation éventuel du sujet;

- on veillera également à ce qu'il n'y ait pas de renforçateurs en compétition avec les renforçateurs que l'on utilise, c'est-à-dire qui renforceraient d'autres comportements que celui que l'on veut renforcer;

- l'identification des renforçateurs sera faite avec beaucoup de soin. Elle sera individuelle. On veillera également à hiérarchiser les renforçateurs et à utiliser abondamment les renforçateurs sociaux. Pour procéder à ce choix, on pourra utiliser des listes existantes de renforçateurs, ou questionner l'enfant ou encore utiliser la fiche à compléter de Tharp et Wetzel.

«Ce que j'aime le mieux» - Phrases à compléter
par R.G. Tharp et R.J. Wetzel*

Nom : ....
Date : ....
Ecole : ....

1. La grande personne (l'adulte) que je préfère, c'est ....

   Qu'aimes-tu faire avec elle (lui)? ....

2. La meilleure récompense qu'on puisse me donner, c'est ....

3. A l'école, la matière que je préfère, c'est ....

4. Si j'avais 100 F, je ....

5. La personne de ma famille que je préfère, c'est ....

6. Quand je serai grand, je voudrais être ....

7. La personne qui me punit le plus, c'est ....

   Comment te punit-elle? ....

   Quelles autres punitions utilise-t-elle? ....

   Laquelle marche le mieux avec toi? ....

8. Les deux choses que j'aime le mieux de faire, c'est ....

9. L'adulte que je préfère à l'école, c'est ....

10. Quand je fais quelque chose de bien, ce que maman fait, c'est ....

11. Je suis épouvanté quand ....

12. Pour avoir de l'argent, je ....

13. Quand j'ai de l'argent, j'aime ....

14. Quand j'ai des difficultés, mon papa ....

15. La chose que je désire vraiment, c'est ....

16. Quand je fais plaisir à papa, ce qu'il fait, c'est ....

17. Si j'avais un coup de chance, ce que j'aimerais sûrement, c'est ....

18. La personne dont j'apprécie le plus qu'elle me récompense, c'est ....

	Comment te récompense-t-elle ? ....
19.	Je ferais tout pour éviter ....
20.	Ce que j'aime surtout faire avec maman, c'est ....
21.	Parmi toutes les choses que je fais, celle qui ennuie le plus mon professeur, c'est .
22.	Parmi les activités ou choses agréables du week-end, ce que je préfère, c'est ...
23.	Quand je travaille mieux en classe, je souhaite que mon professeur ....
	Si je travaillais mieux en classe, je souhaiterais que mon professeur ....
24.	La punition que je déteste le plus, c'est ....
25.	Je ferais n'importe quoi pour ....
26.	Je deviens vraiment furieux quand je ne peux pas ....
27.	Quand j'ai des difficultés, maman ....
28.	Le frère ou la sœur que je préfère, c'est ....
29.	Ce que j'aime surtout faire, c'est ....
30.	La seule personne dont je désire avoir l'avis, c'est ....
31.	A part mes parents, la personne pour laquelle je ferais quasi n'importe quoi, c'est .
32.	Je n'aime vraiment pas que mon professeur ....
33.	Les deux programmes de TV que je préfère sont ....
34.	Ce que j'aime surtout faire avec mon papa, c'est ....

* Tharp, R.G. et Wetzel, R.J. *Behavior modification in the natural environment*. New York, Academic Press, 1969.

2. Procédure de retrait d'une situation aversive

On peut parfois faire appel à la procédure de retrait d'une situation aversive, pour augmenter la probabilité d'émission d'un comportement. Dans ce cas, le sujet est mis en présence d'une situation aversive, à laquelle il peut mettre fin en réalisant le comportement dont la fréquence ou la durée doit augmenter. Le stimulus aversif est physiquement présent dans l'environnement *jusqu'à* ce que le comportement soit émis. La situation aversive est donc présente *avant* l'émission du comportement, et c'est cette émission qui permet au sujet d'y échapper. On parle d'apprentissage d'une réponse d'*échappement*. Lorsque le comportement émis permet d'éviter ou de retarder la présentation de cette situation aversive, on parle d'apprentissage d'une réponse d'*évitement*.

Il faut remarquer que cette procédure de retrait d'une situation aversive est une *procédure de renforcement*, caractérisée tout comme la procédure de renforcement positif par l'augmentation de la probabilité d'apparition d'une réponse donnée. On parle donc de procédure de renforcement négatif. Par contre, dans le cas où la réponse diminue, on a affaire non plus à une procédure de renforcement négatif mais à une procédure de punition (au sens technique). Si vous hésitez quant à savoir si vous vous trouvez en présence d'une procédure de renforcement négatif ou une procédure de punition, posez-vous la question suivante: «la probabilité d'apparition du comportement augmente-t-elle ou diminue-t-elle?». Si elle augmente, vous êtes en présence d'une procédure de renforcement négatif; si elle diminue au contraire, la procédure est une procédure de punition. Lorsqu'on parle de procédure de renforcement, on vise donc *toujours* une augmentation de la probabilité d'apparition d'un comportement.

De nombreuses *situations de la vie courante* font appel au processus de renforcement négatif:
- quitter la maison et ainsi mettre fin ou éviter une discussion avec un membre de sa famille;
- crier sur des voisins, qui alors parlent moins fort;
- prendre un médicament et ainsi supprimer une douleur;
- garer sa voiture au parking et ainsi éviter une amende.

Le même processus explique également de nombreux *échanges éducatifs*:

- un enfant pleure pour avoir un objet qu'il convoite et le papa lui donne l'objet convoité; ce qui met fin pour le papa à l'expérience d'une situation désagréable. Parfois même, il lui donnera l'objet convoité avant qu'il ne pleure, pour éviter de se trouver dans cette situation désagréable;

- des parents peuvent parfois se moquer de leur enfant et le traiter de «poule mouillée» et ainsi obtenir de lui qu'il fasse une tâche qu'on lui demande. Pour éviter d'être traité de «poule mouillée», l'enfant fera ce que ses parents lui demandent;

- un élève perturbe la classe car il n'aime pas la leçon de calcul. Le maître le met dans le couloir et ainsi l'enfant échappe à la situation désagréable. L'enfant a ainsi appris à être difficile pour échapper à la leçon de calcul.

On peut également constater que ce processus de renforcement négatif intervient fréquemment et contribue à *maintenir de nombreux comportements inadaptés chez les éducateurs*. Ainsi, si les enfants traînent pour aller en récréation, l'éducateur crie sur eux. Les enfants vont alors plus vite et flânent moins. A l'avenir, dans une situation semblable, l'éducateur aura tendance à crier à nouveau sur ses élèves.

Qu'en est-il de l'*utilisation intentionnelle de cette procédure de modification du comportement*? Certaines expériences de modification du comportement ont effectivement utilisé cette procédure de renforcement négatif: pour éviter un choc électrique, un enfant doit jouer avec un jouet; un autre devra parler, lors d'une réunion de thérapie de groupe, pour éviter un bruit strident. Azrin et Powell (1969) ont quant à eux provoqué l'augmentation du comportement de prise de médicaments par le recours à un bruit quand venait le moment de prendre le médicament; ils ont mis ainsi en place une réponse d'échappement.

Cependant, on doit constater que l'utilisation de la procédure de renforcement négatif a été peu étudiée et peu expliquée, notamment en raison des *effets secondaires possibles liés à l'emploi des stimuli aversifs*. Il faut en effet que le sujet soit d'abord soumis à un stimulus aversif, ou en tout cas qu'il puisse l'être. Ce qui ne va pas sans poser des *problèmes éthiques importants*. Dès lors, l'intérêt majeur de cette procédure en éducation comportementale se limitera souvent à utiliser ce schéma conceptuel pour identifier les situations naturelles où un tel processus apparaît, en vue d'intervenir de façon adaptée, plutôt que son utilisation systématique en éducation.

Remarques importantes:

1. Dans le processus de renforcement négatif, la présentation de la situation aversive est terminée ou évitée *suite à l'émission d'un comportement donné*. Dans l'échappement, cette situation est expérimentée physiquement pendant une partie du temps; elle ne l'est pas dans le cas de la réponse d'évitement, où elle est seulement anticipée. Ce qui *suit* la réponse, c'est donc le fait que *cette situation aversive est terminée, évitée ou retardée*.

2. Il est parfois difficile de déterminer si on se trouve en présence

d'un *processus de diminution du comportement* (ou de punition) ou d'un *processus de renforcement négatif*. Nous venons déjà de mentionner le fait que pour le comportementaliste, le processus de renforcement négatif se caractérise par une augmentation de la probabilité d'apparition d'une réponse. Par contre, dans le processus dit de punition, la probabilité d'apparition de cette réponse diminue. De plus, il faut tenir compte de la perspective adoptée. Si vous considérez le comportement dont la probabilité d'apparition augmente, vous vous référez au processus de renforcement négatif; si par contre, vous considérez la disparition du comportement, vous parlez du processus de punition. Par exemple, si vous criez sur un enfant parce que sa table de travail est en désordre et qu'il en résulte une augmentation du comportement «ranger sa table de travail», vous vous trouvez en présence du processus de renforcement négatif. Si par contre, votre intervention aboutit à faire disparaître le comportement «mettre du désordre sur sa table de travail», vous vous trouvez en présence d'un processus de punition.

Chapitre 8
Comment apprendre un nouveau comportement?

Pour apprendre à un sujet un nouveau comportement, ne faisant pas partie de son répertoire comportemental, on utilise également la *procédure de présentation d'un renforçateur positif*. Encore faut-il qu'il y ait quelque ébauche de comportement, même sous une forme élémentaire ou partielle, à renforcer. Aussi, on fait appel à deux *procédures complémentaires* qui permettent la construction du nouveau comportement: ce sont le façonnement (shaping) et l'apprentissage d'une chaîne de réponses (chaining).

1. Procédure de façonnement

Cette procédure est très importante, car beaucoup de comportements humains sont appris par façonnement. Il s'agit de tous les *comportements qui ne peuvent être acquis en une seule fois*, soit parce qu'ils sont relativement complexes et difficiles à maîtriser, soit parce qu'ils concernent plusieurs personnes.

Voici trois exemples de façonnement d'un comportement complexe:
- Apprendre à un enfant à émettre une syllabe:
  - faire un mouvement des lèvres comme l'expérimentateur;
  - émettre un bruit;
  - émettre un son déterminé;
  - émettre une syllabe.

- Apprendre à un enfant isolé à avoir des contacts avec d'autres enfants de son entourage :
  - regarder les autres ;
  - se trouver de plus en plus près des autres ;
  - se trouver dans un groupe ;
  - réagir passivement aux invitations du groupe ;
  - prendre des initiatives dans le groupe.
- Regarder son éducateur dans les yeux quand il vous parle :
  - déplacer son corps vers l'éducateur - réaction d'orientation ;
  - déplacer son corps vers l'éducateur et se mettre en face de l'éducateur ;
  - déplacer son regard vers le visage de l'éducateur ;
  - regarder l'éducateur dans les yeux ;
  - augmenter la durée du contact visuel.

Exemple de façonnement d'un comportement impliquant plusieurs personnes :
- Pour apprendre à un enfant à s'adresser à haute voix à un public de plus en plus nombreux :
  - l'enfant s'adressera d'abord à son instituteur ;
  - l'enfant s'adressera à son instituteur et à un autre enfant ;
  - l'enfant s'adressera à son instituteur et à deux autres enfants.

Dans tous ces cas, le façonnement consiste en *deux opérations* :
- on renforce les approximations successives de plus en plus proches du comportement-cible donné ;
- on ne renforce plus les approximations précédemment apprises (on pratique à leur égard l'extinction ; voir chapitre 9).

C'est la raison pour laquelle le façonnement est également appelé *procédure d'apprentissage par approximations successives* (successive approximation).

Souvenez-vous par exemple du cas de Dicky, présenté dans le chapitre 1. Pour lui apprendre à porter ses lunettes de façon continue, les auteurs l'ont renforcé chaque fois qu'il approchait ses lunettes de plus en plus près de ses yeux. Jackson et Wallace (1974) ont utilisé la même procédure pour apprendre à une jeune fille arriérée mentale légère de 15 ans à parler suffisamment fort que pour être entendue de son entourage. Voyez aussi comment Baer, Peterson et Sherman (1967) ont appris à une fillette arriérée mentale profonde à imiter.

Remarque : On ne peut pas parler au sens strict de façonnement quand la procédure de renforcement positif ne résulte qu'en une augmentation du débit de la réponse; ce cas a été envisagé dans le chapitre précédent. Il faut, pour qu'il y ait façonnement, que la *topographie* ou forme de la réponse évolue.

L'*application correcte* de cette procédure exige le respect des conditions suivantes :

- *Définir de façon précise le comportement-cible et en préciser toutes les dimensions*. Il s'agit d'une condition capitale dans la mesure où c'est en fonction de cette description que l'on pourra décider si le comportement du sujet doit être renforcé ou pas. Ainsi, si l'objectif retenu est «écrire de façon lisible», il faudra préciser notamment la dimension des lettres, la force du trait, etc. Si cette description n'est pas suffisamment précise, on court le risque de difficultés au moment de la dispensation des renforçateurs.

- Identifier les étapes de l'apprentissage *en partant du point où se trouve le sujet* et renforcer le comportement déjà présent qui est le plus proche du comportement-cible à acquérir. On part de ce que le sujet sait déjà faire, au besoin sur imitation ou avec aide. Par exemple, pour l'objectif «écrire de façon lisible», on pourra partir de la compétence de base suivante : tenir son crayon et faire des traits.

- Renforcer le comportement qui représente un *progrès* dans la bonne direction, jusqu'à ce que le sujet l'exécute facilement, et ne plus renforcer les approximations précédemment apprises (extinction). Il s'agit en somme d'une procédure de renforcement différentiel (voir chapitre 9).

- Respecter strictement *l'ordre* des approximations.

- Faire appel, au besoin, à des *procédures complémentaires* : indiquer au sujet soit verbalement, soit par démonstration le comportement-cible qu'on désire qu'il produise, ou encore faire appel à la guidance physique (voir chapitre 10).

2. Procédure d'apprentissage d'une chaîne de réponses

Les comportements humains sont habituellement très complexes; ils sont souvent constitués d'une *chaîne de comportements différents*, qui se suivent dans un certain ordre et qui parfois sont présents, à titre isolé, dans le répertoire comportemental du sujet. C'est le cas par exemple de comportements comme manger à la cuillère, aller aux toilettes, se brosser les dents, se servir une boisson à un distributeur automatique, aller manger au restaurant ou trouver la solution à un problème. Le sujet est capable dans tous ces cas d'exécuter tout ou partie des comportements composant ces compétences complexes, mais est incapable de les exécuter dans l'ordre requis pour atteindre le résultat final.

Dans toutes ces chaînes de comportements, l'apprentissage consiste à *relier les comportements les uns aux autres selon un ordre donné*. Pour comprendre ce qui se passe dans cet apprentissage, il faut se rappeler le paradigme comportemental : S-R-S. En présence d'un stimulus donné, le sujet émet un comportement qui est suivi d'un renforçateur positif. Dès lors, ce stimulus devient discriminatif, suite à son association au renforçateur : il indique que tel comportement particulier sera renforcé et non tel autre. Dans le cas de l'apprentissage d'une chaîne de réponses, suite à une association répétée entre le renforçateur final et le dernier comportement de la chaîne, celui-ci devient un renforçateur pour le comportement immédiatement précédent. A son tour, suite à une association répétée avec le dernier comportement et le renforçateur final, l'avant-dernier comportement devient aussi renforçateur pour le comportement immédiatement précédent et en même temps un stimulus discriminatif pour le comportement suivant. Et ainsi de suite. De cette manière, *chaque comportement de la chaîne a un double rôle de stimulus discriminatif pour le comportement qui suit et de renforçateur pour le comportement qui précède.*

Exemples :
- Mettre son pantalon
  - SD_1 : l'enfant voit qu'il est en sous-vêtements et voit son pantalon.
    - C_1 : il prend son pantalon et l'approche de son pied gauche.
    - C_2 : l'enfant introduit le pied gauche dans la jambe gauche.
    - C_3 : l'enfant introduit le pied droit dans la jambe droite.
    - C_4 : l'enfant relève son pantalon jusqu'à la ceinture.
    - C_5 : l'enfant ferme son pantalon.
      - Renforçateur : la maman le félicite, l'enfant peut aller jouer dehors, etc.

- Ecrire la lettre A à la demande du maître, sur son cahier de travail.
  - SD_1 : le maître dit : « écrivez la lettre A en majuscule d'imprimerie sur votre cahier de travail ».
    - C_1 : l'élève prend le cahier et le stylo.
    - C_2 : l'enfant trace le premier trait.
    - C_3 : l'enfant trace le deuxième trait.
    - C_4 : l'enfant trace le dernier trait.
      - Renforçateur : le maître dit : « Bravo » - note T.B.

Comment constituer ces chaînes de réponses? La procédure la plus intéressante, et aussi la plus originale par rapport aux pratiques éducatives, consiste à utiliser l'*apprentissage régressif* (Backward learning). On veille à ce que le sujet émette d'abord seul le dernier comportement, c'est-à-dire celui qui donne le résultat final et donc aussi le renforçateur, puis l'avant-dernier et le dernier, et on remonte ainsi jusqu'au premier comportement de la chaîne. En procédant de cette façon, c'est-à-dire en associant successivement chaque comportement au renforçateur, celui-là devient un renforçateur conditionné pour le comportement précédent et un signal pour le comportement subséquent.

Exemples:

- Comment apprendre à des élèves à se mettre en rang au son de la cloche et à pénétrer en classe sans perturber.

On enseigne la dernière réponse, celle qui donne le renforçateur, c'est-à-dire: s'asseoir en silence et regarder le maître. Cette réponse est suivie du renforçateur: le maître félicite les élèves et commence la leçon. Cette réponse une fois bien apprise, on enseigne la réponse précédente: entrer en classe sans perturber (d'après Coté et Plante, 1976).

Cette séquence d'apprentissage peut être schématisée comme suit:
SD_4: sonnerie.
   ⌐C_4: se mettre en rang.
     ⌐C_3: marcher en rang vers la classe sans perturber.
       ⌐C_2: entrer en classe sans perturber.
         ⌐C_1: s'asseoir en silence et regarder le maître.
           Renforçateur: le maître félicite et commence la leçon.

- L'apprentissage des puzzles peut se faire selon la même méthodologie. On place toutes les pièces sauf une, et l'enfant doit placer la dernière; puis on place toutes les pièces sauf deux, et l'enfant doit placer les deux dernières, et ainsi de suite.

- Comment apprendre à faire des multiplications sans report, et à deux chiffres? (d'après Benoît, 1972, cité par Sulzer-Azaroff et Mayer, 1977).

C_6 : multiplier les unités du dénominateur par les unités du numérateur.
C_5 : multiplier les unités du dénominateur par les dizaines du numérateur.
C_4 : laisser une place pour 0.
C_3 : multiplier les dizaines du dénominateur par les unités du numérateur.
C_2 : multiplier les dizaines du dénominateur par les dizaines du numérateur.
C_1 : ajouter les deux produits.

```
      12           C₆ : 3 × 2 = 6
    × 13           C₅ : 3 × 1 = 3
    ────           C₄ : 0
      36           C₃ : 1 × 2 = 2
     120           C₂ : 1 × 1 = 1
    ────           C₁ : 36 + 120 = 156
     156
```

C_6 : $3 \times 2 = 6$
C_5 : $3 \times 1 = 3$
C_4 : 0
C_3 : $1 \times 2 = 2$
C_2 : $1 \times 1 = 1$
C_1 : $36 + 120 = 156$

- Manger avec une cuillère :

Dans l'ordre « logique », on distingue trois comportements : remplir la cuillère de nourriture (C_1) — porter la cuillère remplie à la bouche (C_2) — retourner la cuillère vide à l'assiette (C_3). L'apprentissage commencera par l'étape C_2, puis $C_2 + C_1$, puis $C_2 + C_1 + C_3$.

Pour appliquer cette modalité d'apprentissage, on utilise souvent en plus d'autres procédures complémentaires comme les instructions verbales, la guidance physique, l'imitation (voir chapitre 10).

On peut procéder également *en commençant l'apprentissage par le premier comportement* ; c'est ce que l'on appelle la procédure d'*apprentissage progressif* (forward learning). Dans cette procédure, on apporte au sujet l'aide nécessaire, soit sous forme d'instructions verbales ou d'aide physique, pour qu'il exécute les comportements dans l'ordre normal, et on renforce le sujet en fin de séquence. Ensuite, on diminue progressivement cette aide, au fur et à mesure des progrès du sujet.

Exemples :
- Utilisation d'une procédure d'instruction verbale : Comment apprendre à une élève à pendre son manteau lorsqu'elle entre en classe ?

« Julie a une habitude qui déplaît beaucoup à son institutrice. Chaque fois qu'elle entre en classe, elle laisse choir son manteau par terre. Mademoiselle Bonne-Habitude fronce alors les sourcils, assèche sa voix et s'adresse à Julie : « Ramasse-moi ce manteau et mets-le sur ton crochet ». Alors Julie ramasse son manteau et l'accroche à sa place.

Cette scène se reproduit deux fois par jour. Alors, Mademoiselle Bonne-Habitude décide d'intervenir de la façon suivante : chaque fois que Julie laisse choir son manteau, elle lui demande de le remettre, de sortir de la classe, et d'entrer de nouveau. Quand Julie entre, elle lui dit : « garde ton manteau, Julie, approche-toi de ton crochet, enlève ton manteau, accroche-le comme il le faut. Bonjour Julie, c'est très bien ». Un peu plus tard, il lui suffit de suivre Julie des yeux. Bientôt, sans que Mademoiselle Bonne-Habitude vienne accueillir Julie, celle-ci accroche elle-même son manteau ». (Coté et Plante, 1976).

- Aide physique

Pour apprendre à un enfant arriéré à tirer la chasse du W.C., on peut mettre la main sur la sienne et tirer. Ensuite, progressivement, on diminuera l'aide physique apportée, en relâchant la pression exercée, puis en déplaçant sa main vers le poignet, le coude, puis l'épaule.

Quelle modalité choisir? Il faut constater qu'habituellement, dans la pratique courante, le sujet apprend le premier comportement, puis le deuxième, et ainsi de suite jusqu'au dernier, et dans beaucoup de cas, cette procédure est efficace. Ainsi, l'habillage s'apprend de cette façon dans de nombreuses familles. De plus, l'efficacité supérieure de l'une ou l'autre procédure est affaire de vérification expérimentale, encore insuffisante à ce jour. Aussi, nous conseillons la *modalité d'apprentissage n° 1* quand la modalité n° 2 n'a pas réussi ou lorsqu'on se trouve en présence de sujets très handicapés, qui ne réagissent guère aux instructions verbales et autres procédures d'incitation.

Remarque: La différence entre la procédure de façonnement et la procédure d'apprentissage d'une chaîne de réponses n'est pas toujours aisée à faire et l'on peut parfois hésiter entre ces deux procédures. Certains auteurs (par exemple, Miller, 1980) considèrent même que le chaining est un cas particulier du shaping. Les différences essentielles sont reprises dans le tableau ci-après.

Tableau 8.1.: Différences entre la procédure de shaping et la procédure de chaining

shaping	*chaining*
• Le sujet apprend un *nouveau* comportement.	• Le sujet apprend à exécuter dans un certain ordre plusieurs comportements qui sont présents dans son répertoire (ou qui sont appris par ailleurs). Ce qui est nouveau, c'est la succession des comportements, c'est-à-dire *la chaîne de comportements*.
• L'apprentissage se fait *en partant du comportement déjà présent*, pour atteindre le comportement-cible (forward-apprentissage progressif).	• L'apprentissage se fait *souvent* (mais pas toujours — voir apprentissage progressif) *à partir du dernier comportement* de la chaîne (apprentissage régressif).
• En fin d'apprentissage, les approximations intermédiaires *disparaissent* au profit du comportement-cible.	• Les comportements intermédiaires *apparaissent toujours* de façon distincte dans la chaîne finale de comportements.

Chapitre 9
Comment diminuer l'émission d'un comportement?

Dans ce chapitre, nous envisagerons successivement les différentes procédures pouvant mener à une diminution de la fréquence d'apparition de comportements qui, pour une raison ou l'autre, ne sont pas souhaitables. Rappelons que le caractère souhaitable ou non souhaitable d'un comportement doit faire l'objet d'une décision dans le cadre de la spécification des finalités éducatives et du choix des objectifs prioritaires (chapitres 3 et 4).

Nous classerons ces procédures en deux groupes. Nous envisagerons d'abord les *procédures d'extinction* et *de renforcement différentiel* qui sont les premières à considérer lorsqu'on se trouve en présence de comportements-problèmes à faire disparaître. En effet, ces deux types de procédures posent moins de problèmes sur le plan *éthique* que celles que nous envisagerons ultérieurement. Dans la procédure d'extinction, en effet, on essaye tout simplement que le comportement ne soit plus suivi du renforçateur qui en maintenait la probabilité d'apparition. Quant aux procédures de renforcement différentiel, ce sont encore des procédures de renforcement positif. Par contre, les procédures du second groupe, à savoir *la procédure de retrait d'un renforçateur positif* et *la procédure de présentation d'un stimulus aversif* sont des procédures éthiquement plus difficilement acceptables. De plus, sur le plan de l'efficacité, elles présentent quelques problèmes.

1. Procédure d'extinction d'un comportement

Rappelez-vous le paradigme comportemental : S-R-S. Un comportement est appris lorsqu'il est suivi d'un renforçateur positif. Dès lors, la *non-dispensation du renforçateur positif* conduira à une réduction du comportement : c'est la procédure d'extinction. En d'autres termes, dans la procédure d'extinction, *il ne se passe rien dans l'environnement après l'apparition du comportement*. La procédure d'extinction est donc à l'opposé de la procédure de renforcement positif vue antérieurement.

Cette procédure a été beaucoup utilisée dans la *littérature comportementale* : par exemple, pour supprimer les pleurs d'un enfant lors de sa mise au lit (Williams, 1959), les comportements d'agression (Pinkston, Reese, LeBlanc et Baer, 1973), le comportement de vomissement (Wolf et al., 1970).

Elle est aussi beaucoup employée dans la *pratique éducative quotidienne*, mais cette fois avec des comportements que l'on souhaiterait voir maintenir ou même augmenter en fréquence, et ce, sous prétexte qu'il est normal que l'enfant se conduise bien! Ainsi, on entend relativement rarement les maîtres féliciter leurs élèves pour la qualité de leur travail, pour le fait qu'ils arrivent à l'heure en classe, etc. (Magerotte, 1980). Ces comportements souhaitables n'étant pas renforcés positivement finissent donc par disparaître.

Remarquons aussi que l'attention portée par l'éducateur à un enfant ou encore celle portée par un condisciple, suite à l'émission d'un comportement non souhaitable, est souvent un puissant renforçateur positif de ce comportement. L'extinction exigera donc de *ne pas prêter attention* à un comportement que l'on veut voir disparaître, et complémentairement de prêter attention aux comportements à faire acquérir. C'est la technique de l'*attention sélective* qui est une procédure de renforcement différentiel (voir points 2 et 3 ci-après).

L'application de la procédure d'extinction ne va pas sans quelques difficultés :
- Difficultés d'éliminer *tous* les renforçateurs et ce en raison de la multiplicité des personnes et milieux concernés, ainsi que de notre ignorance d'un grand nombre d'agents renforçants à l'œuvre dans les situations concrètes.

La difficulté à identifier ces renforçateurs est encore accrue par le fait que ceux-ci ne sont pas dispensés de façon continue mais seulement par intermittence.

- Au début de l'application de cette procédure, il y a souvent une *augmentation des réponses* que l'on désire voir disparaître — augmentation à laquelle il faut être préparé — et pouvant parfois être accompagnée d'effets secondaires peu souhaitables, notamment sur le plan émotionnel (agressivité, etc.).
- La diminution du comportement ne se fait pas sentir *de suite* et l'effet n'est donc pas immédiat.
- Le comportement que l'on désire voir disparaître est souvent *imité* par d'autres, pendant les premiers moments d'application de la procédure d'extinction tout au moins.
- Enfin, la procédure d'extinction n'apprend pas à l'enfant *comment* il doit se comporter : elle supprime un comportement sans en mettre un autre à la place. Aussi, on combine très souvent cette procédure à d'autres procédures de renforcement différentiel.

Aussi, l'efficacité de la procédure d'extinction dépend des facteurs suivants :
- De notre capacité à supprimer *tous* les renforçateurs positifs.
- De notre capacité à préciser exactement *les conditions de l'exercice de l'extinction*.
- De l'utilisation de la procédure complémentaire de *renforcement différentiel* (voir ci-après).
- De l'*expérience antérieure* du sujet quant aux facteurs suivants :
  - l'importance du renforçateur : plus il est important, plus le comportement sera résistant à l'extinction ;
  - temps pendant lequel ce renforçateur a été utilisé : plus ce temps aura été long, plus le comportement sera résistant à l'extinction ;
  - procédure d'extinction elle-même : plus fréquemment le sujet aura fait l'expérience réussie de cette procédure, plus efficace sera son application.

Remarque : La procédure d'extinction peut également être utilisée dans le cas du processus de renforcement négatif. Certains comportements sont en effet maintenus parce qu'ils empêchent l'apparition de conséquences négatives. Ces comportements peuvent être acceptables, comme avoir une note tout juste supérieure à 12 pour ne pas être exclu d'un cours, mais ils peuvent aussi se révéler inadaptés comme un comportement de peur, une phobie. Ces comportements inadaptés peuvent être traités en s'appuyant sur la méthodologie répondante (par exemple, désensibilisation systématique) ou sur l'approche opérante. Dans ce cas, l'extinction consiste à placer l'individu dans des situations qu'actuellement il évite, de façon à ce que la réponse d'évitement ne puisse avoir lieu. Cette réponse disparaît progressivement parce qu'en fait les conséquences négatives que le sujet craint ne se produisent pas.

2. Procédures de renforcement différentiel : procédure de renforcement de comportements à faible débit (D R L)

Les procédures de renforcement différentiel sont des procédures qui impliquent la dispensation de conséquences, selon des modalités différentes en fonction des comportements. Elles se caractérisent par une diminution de la probabilité d'apparition de certains comportements — c'est pourquoi nous les présentons ici — mais en même temps, comme on le verra au paragraphe 3, elles impliquent une augmentation de la probabilité d'apparition d'autres comportements. Ces procédures de renforcement différentiel sont de trois types : procédure de renforcement de comportements à faible débit, procédure de renforcement différentiel des autres comportements et procédure de renforcement différentiel de comportements incompatibles. Nous envisagerons d'abord la procédure de renforcement de comportements à faible débit.

Certains comportements ne doivent pas en effet être totalement supprimés. Parfois, il peut suffire d'en *limiter simplement la probabilité d'apparition*. Pour ce faire, on ne les renforce que lorsqu'ils se présentent avec une fréquence acceptable (D R L = differential reinforcement of low rates behavior).

On procède de la façon suivante : on renforce, par exemple, le sujet quand il n'émet pas un comportement pendant un certain temps, et on allonge progressivement ce temps; ou encore, on renforce le sujet quand, durant un intervalle temporel donné, il émet un nombre défini de comportements ou moins, que le comportement soit émis ou non à ce moment et on diminue progressivement le nombre de comportements donnant droit aux renforçateurs, alors que le temps reste identique. On peut par exemple, utiliser cette procédure pour diminuer le nombre d'échanges verbaux lors d'une discussion de groupe ou le nombre d'interventions verbales inadaptées pendant la classe (Deitz et Repp, 1973).

L'application de cette procédure présente cependant *certains inconvénients*. Elle exige notamment un temps assez long et elle se centre de plus sur le comportement non souhaitable et non sur le comportement souhaitable, comme le font les deux procédures suivantes.

3. Procédures de renforcement différentiel: procédure de renforcement différentiel des autres comportements (D R O) et de comportements incompatibles (D R I)

Dans la procédure D R O (differential reinforcement of other behaviors), on renforce tout comportement, *à l'exception* d'un comportement donné que l'on veut en fait voir disparaître et pour lequel on pratique la procédure d'extinction.

Par exemple, chez un enfant qui suce son pouce, on renforcera tout comportement se présentant à la fin d'un intervalle donné, si à ce moment l'enfant ne suce pas son pouce.

Par contre, la procédure de renforcement différentiel des comportements incompatibles D R I (differential reinforcement of incompatible behaviors), on renforce un comportement incompatible avec le comportement que l'on souhaite voir disparaître, c'est-à-dire *qui ne peut se produire en même temps que ce comportement*.

Exemple: Pour empêcher un enfant de mettre ses doigts dans son assiette lors du repas, on peut le renforcer lorsqu'il tient son assiette de la main; lorsqu'un enfant se lève constamment de sa chaise et quitte sa place, on peut le renforcer lorsqu'il prête attention à son travail, ce qui a comme effet secondaire de le maintenir assis à sa place.

La différence entre la procédure D R O et la procédure D R I porte surtout sur le *lien entre le comportement à faire disparaître et celui à renforcer*. Dans le premier cas, D R O, il s'agit d'un lien de pure contiguïté: on renforce tout comportement acceptable qui se présente à la place d'un autre. Par contre, dans la procédure D R I, il s'agit davantage d'un lien de sens: on renforce tout comportement incompatible avec le comportement que l'on désire voir disparaître.

4. Procédures de retrait d'un renforçateur positif

Nous aborderons à présent un ensemble de procédures regroupées parfois sous le vocable général de *procédures de punition* (par Kazdin, 1975, notamment, mais pas par Sulzer-Azaroff et Mayer, 1977) et qui souvent sont subjectivement perçues comme telles par la majorité des éducateurs. Rappelons d'entrée de jeu qu'en *termes comportementaux*, la punition regroupe des procédures qui provoquent une *diminution* de la fréquence d'une réponse, suite à la présentation d'un stimulus aversif ou au retrait d'un renforçateur positif. Il faut établir d'autre part une nette différence entre la *conception comportementale* et la *conception populaire* des procédures de punition. La conception populaire de la punition ne tient en effet pas compte de l'efficacité de la procédure, alors qu'en éducation comportementale, il n'y a punition que si il y a en même temps diminution de la fréquence d'une réponse. Pour cette raison, et aussi en fonction des réactions subjectives qui caractérisent l'emploi de ce terme, nous éviterons quant à nous d'utiliser le terme de procédure de punition.

Remarque: On ne parlera pas de punition quand la présentation d'un stimulus aversif suit la «non-apparition d'un comportement»: «Tu n'iras pas jouer, car tu n'as pas fait ton lit».

Les procédures de retrait d'un renforçateur positif sont au nombre de deux, selon que ce retrait est *temporaire* ou *permanent*. Dans le premier cas, on parle de procédure d'isolement ou de mise à l'écart ou de «time-out»; dans le second cas, on parle d'amende ou de coût de la réponse (response cost).

1. *Procédure d'isolement, de mise à l'écart ou de time-out*

Dans cette procédure, l'enfant est, suite à son comportement, placé *pendant un temps déterminé* dans l'impossibilité d'être renforcé positivement pour ce comportement que l'on souhaite voir disparaître. Il n'a donc pas l'occasion pendant ce temps de recevoir des renforçateurs (time-out from reinforcement).

Dans la plupart des cas, on place le sujet dans un *petit local* duquel on aura préalablement enlevé toute possibilité de renforcement. Ce local ne doit en aucun cas être effrayant pour l'enfant. Parfois, on utilise un petit local vide, avec le minimum de stimulation, meublé d'une chaise. Il est à noter que cette solution n'est réservée qu'aux cas graves.

En l'absence d'une salle réservée à cet usage, on peut utiliser des *formules intermédiaires*: on assied l'enfant sur une chaise dans un endroit isolé, à l'écart de ses camarades, par exemple. La difficulté est, dans ce cas, de faire en sorte que l'enfant n'y trouve aucun renforçateur positif.

Une autre façon d'appliquer cette procédure est la suivante: *les agents renforçateurs s'en vont pendant un temps donné*, laissant le sujet dans un milieu non renforçant. De nouveau, l'essentiel est de s'assurer que le sujet ne va pas trouver des renforçateurs positifs dans ce milieu.

A noter que cette mise à l'écart se fait sans cris ni colère chez l'éducateur et sans entrer dans de longues explications. On aura évidemment expliqué au préalable au sujet ce qui se passera s'il manifeste tel ou tel comportement précis.

La *durée de l'isolement* est variable selon les auteurs. Elle est en général courte, de l'ordre de quelques minutes : 1 à 5 minutes, rarement plus de 15 minutes (Budd et Baer, 1976). De toute façon, la durée de l'isolement est déterminée à l'avance. Si l'enfant continue à présenter son comportement non souhaitable, alors qu'il est en time-out, on compte le temps à partir du moment où il cesse de «mal se comporter». On évite habituellement de placer l'enfant en time-out durant un temps trop long. En effet, il risque alors de s'adapter à son nouveau milieu et de trouver quelque chose à faire; de plus, pendant ce temps, il n'a pas l'occasion d'apprendre d'autres comportements adaptés.

Le bon usage de cette procédure implique le respect de conditions très strictes :
- Le time-out signifie en effet que l'enfant ne peut être renforcé pendant un temps déterminé. Dans de nombreux cas, on court le risque en utilisant cette procédure de permettre à l'enfant d'échapper à des stimuli aversifs (par exemple, une leçon de calcul que l'enfant n'aime pas). On obtient dans ces conditions l'effet contraire à celui qui était visé !
- Cette procédure ne convient guère pour les sujets capables de s'auto-stimuler fréquemment (masturbation, sujet rêveur, sujet qui aime se balancer).
- Cette procédure n'est applicable que lorsqu'elle ne pose pas trop de problèmes et ne nécessite pas un «combat permanent» avec le sujet.

La procédure de time-out diffère de la procédure d'extinction. Dans la procédure d'extinction en effet, il n'y a pas de changement dans l'environnement *après* l'émission du comportement, alors que dans la procédure de time-out, il y a changement dans l'environnement *après* l'émission du comportement.

2. *Amendes ou coût de la réponse*

Dans cette procédure, l'enfant doit, suite à l'émission de comportements que l'on désire voir disparaître, rendre des renforçateurs gagnés précédemment, en fonction d'un *tarif* préalablement fixé et connu des deux parties.

Ce système convient surtout lorsqu'on utilise des renforçateurs intermédiaires, jetons ou bons points, comme dans l'expérience de rééducation des délinquants «Achievement Place» (Phillips, 1978).

Cette procédure diffère de la procédure de time-out. Dans celle-ci, le sujet n'a plus accès pendant un certain temps aux renforçateurs positifs, alors que dans le cas du coût de la réponse, il se voit retirer définitivement une certaine quantité de renforçateurs.

5. Procédure de présentation d'un stimulus aversif

On vise ici la *présentation contingente d'un stimulus aversif, suite à l'émission d'un comportement donné*, cette présentation provoquant une diminution de la probabilité ultérieure d'apparition de la réponse, et éventuellement sa suppression.

Pour rappel: cette présentation de stimuli aversifs n'est une punition en termes comportementaux que si effectivement, le comportement tend à disparaître. Il faut noter à cet égard que la présentation d'un événement généralement considéré comme agréable peut provoquer une diminution de la probabilité d'apparition d'un comportement. Il faut donc être attentif à l'évolution du comportement.

Ces stimuli aversifs, tout comme les renforçateurs, peuvent être *primaires* (gifle, fessée, choc électrique, etc.), *de type social* («non» dit d'une manière forte et sèche, réprimandes) ou *conditionnés* par association à un autre stimulus aversif.

De nombreuses situations de la vie courante font appel à cette procédure: laisser sa main dans l'entrebâillement d'une porte et se faire pincer suite à sa fermeture brutale, recevoir un coup de poing d'un camarade pour lui avoir pris la balle, etc. En éducation aussi, l'emploi des punitions est fréquent et on peut s'interroger à ce propos: pourquoi les éducateurs utilisent-ils si fréquemment la punition? Pour comprendre ce phénomène, il faut faire appel aux règles de modification de comportement. La punition est, pour celui qui la dispense, un moyen d'échapper à une situation désagréable, en mettant fin rapidement à un comportement qu'il lui est difficile de tolérer. Comme le résultat est immédiat, l'éducateur aura tendance à l'avenir, dans une situation semblable, à recourir à nouveau à la punition. Le problème majeur avec l'emploi de cette procédure est qu'habituellement, pour différentes raisons envisagées ci-après, cette procédure n'est pas vraiment efficace.

On peut schématiser comme suit ce qui se passe:

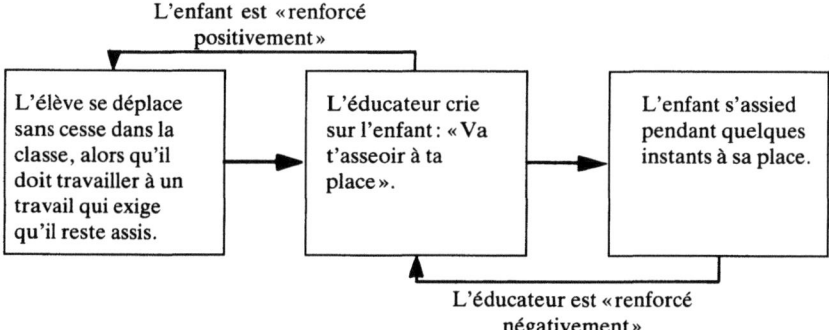

La présentation de conséquences aversives, surtout primaires, n'est pas particulièrement conseillée dans les programmes d'éducation comportementale clinique. En effet, outre les *objections d'ordre éthique* que ces pratiques soulèvent, leur emploi présente un certain nombre de *difficultés* qu'il ne faut pas sous-estimer :

- L'efficacité de la procédure de présentation d'un stimulus aversif suppose que le sujet ne puisse y *échapper*. Il faut donc être très attentif à ce propos.
- Les effets de la procédure de présentation d'un stimulus aversif sont habituellement *très spécifiques*, c'est-à-dire liés très étroitement aux conditions de milieu dans lesquelles elle est appliquée.
- Jumelés avec l'attention accordée aux comportements, les stimuli aversifs peuvent parfois servir d'agents *renforçateurs positifs*.
- L'éducateur qui utilise trop souvent la présentation d'un stimulus aversif ne pourra que difficilement servir lui-même d'*agent renforçateur positif*.
- Le recours au stimulus aversif risque de donner à l'enfant des *sentiments très négatifs* vis-à-vis de lui-même : « Je suis incapable de faire quelque chose, je ne vaux rien, etc. ».
- Le recours au stimulus aversif n'*apprend pas* à l'enfant le comportement que nous attendons de lui.

Aussi, conseille-t-on de n'utiliser cette procédure qu'en présence de comportements d'une extrême gravité qu'il est difficile de contrôler par des techniques plus « douces », comme certaines conduites auto-destructrices ou agressives par exemple, *et* lorsque des procédures alternatives ont échoué ou se sont révélées peu efficaces. *Dans tous les cas*, leur emploi sera soumis à un accord préalable des responsables du sujet, dûment informés et à un contrôle très strict et permanent de la part de l'équipe éducative.

Cas particuliers: les menaces et les réprimandes.

- La *menace* est un stimulus discriminatif présenté avant l'apparition d'un comportement et qui annonce la présentation d'un stimulus conséquent destiné à faire diminuer ce comportement en cas d'exécution dudit comportement: «Si tu parles, tu auras affaire à moi» ou «Si tu te lèves, tu auras une fessée». Cette menace a valeur discriminative par association répétée à la présentation de conséquences négatives. Aussi, si elle n'est pas suivie de conséquences négatives en cas d'apparition du comportement, la menace perd rapidement toute efficacité.

- Par contre, la réprimande se présente *après* le comportement. C'est donc une procédure de *punition...*, si elle diminue la probabilité d'apparition du comportement. Ce qui est loin d'être toujours le cas. Selon les recherches, ses effets sont relativement inconsistants. Il apparaît par ailleurs que les réprimandes formulées à haute voix ont moins d'effet sur le comportement d'un élève que les réprimandes formulées individuellement et à voix basse (O'Leary, Kaufman, Kass et Drabman, 1970).

Chapitre 10
Comment modifier le lien entre le stimulus et le comportement ?

Nous avons jusqu'à présent envisagé les procédures portant sur les stimuli présentés après l'émission des comportements. Dans ce chapitre, nous abordons un ensemble de procédures centrées sur le deuxième élément du paradigme comportemental, à savoir les stimuli antécédents, et destinées à intervenir au niveau du «*contrôle du stimulus*». Pour rappel, on parle de «contrôle du stimulus» quand, en présence d'un stimulus donné, il y a une forte probabilité d'apparition d'un comportement déterminé.

Stimulus	*Comportement*
texte à lire	→ l'enfant lit le texte
professeur en vue	→ l'élève lui dit «bonjour»
appel d'un camarade	→ son ami s'approche de lui
le maître écrit : 10 + 2 =	→ l'élève écrit : 12

On peut dire que ces différentes réponses sont sous le contrôle du stimulus, dans la mesure où, en présence de leur stimulus particulier, chacune d'elles est la plus probable. Remarquez une nouvelle fois qu'on vise ici des comportements qui sont «*plus probables*» en présence de certains stimuli et non de comportements «*déclenchés*» par ces stimuli. En d'autres mots, les stimuli ne déclenchent pas le comportement comme dans le conditionnement répondant mais le rendent simplement plus probable que d'autres; ils en favorisent l'émission.

Le contrôle du stimulus est un aspect *essentiel* en approche comportementale, dans la mesure où tout comportement que l'organisme émet est contingent à certains stimuli antécédents. En d'autres mots, il ne suffit pas que le sujet manifeste un comportement; encore faut-il qu'il le manifeste dans des conditions de stimulation adéquate. Par exemple, dire «papa» en présence de son papa et non en présence d'autres stimuli. D'où un premier type d'apprentissage, que l'on appelle l'*apprentissage discriminatif*, dans lequel en présence de certains stimuli appelés «stimuli discriminatifs», l'organisme apprend à émettre certains comportements particuliers et non d'autres.

Par contrôle du stimulus, on peut également viser un *apprentissage de la généralisation des stimuli*, grâce auquel un comportement est émis non seulement en présence d'un stimulus donné, mais également en présence d'une *classe donnée de stimuli*. Ainsi, un enfant lira la lettre «A», que celle-ci soit écrite en minuscule, majuscule, script, imprimé, etc. Ce type d'apprentissage est essentiel, car sans lui l'organisme devrait à chaque fois réagir différemment aux différents stimuli. Il devrait donc disposer d'une variété infinie de comportements. Heureusement, l'organisme est capable d'identifier un stimulus comme faisant partie d'une classe donnée. Cette capacité est particulièrement importante en fin d'apprentissage. Elle sera envisagée dans le chapitre 11.

La réalisation de l'apprentissage discriminatif et de l'apprentissage de la généralisation des stimuli exige de tenir compte des conditions générales suivantes:
- Il faut s'assurer que le comportement fait déjà *partie du répertoire du sujet*. Comment? En lui demandant de manifester le comportement. Mais attention, ce comportement peut ne pas être sous le contrôle d'un stimulus *verbal*, mais cependant exister dans le répertoire comportemental du sujet et apparaître en d'autres circonstances, c'est-à-dire en présence de stimuli non verbaux. D'où également la nécessité d'observer le sujet dans diverses conditions de milieu.

Si le comportement ne fait pas partir du répertoire du sujet, il faudra d'abord le lui apprendre, en faisant appel aux procédures vues précédemment. C'est la raison pour laquelle nous avons d'abord envisagé les procédures faisant appel aux conséquences du comportement.

- Il se pourrait cependant que d'autres stimuli *interfèrent* avec les stimuli discriminatifs adéquats et suscitent l'apparition de comportements incompatibles avec le comportement attendu. Ainsi, un sujet pourrait être capable de lire un texte au tableau, mais est tellement dérangé par les réactions de ses camarades qu'il ne se concentre pas et réagit inadéquatement.

- Il faut s'assurer enfin que le sujet ne présente pas de *handicap majeur* pouvant contrarier la perception des stimuli discriminatifs (surdité, cécité, etc.).

1. Comment réaliser un apprentissage discriminatif?

Nous avons déjà envisagé antérieurement les procédures de renforcement différentiel. Il s'agit, rappelons-le, de procédures qui impliquent la dispensation des stimuli conséquents, selon certaines caractéristiques de la situation d'apprentissage. Dans les cas envisagés antérieurement, la dispensation tenait compte des caractéristiques du comportement. Ici, il s'agit de tenir compte des caractéristiques des stimuli antécédents.

§ 1. *Utiliser la procédure de renforcement différentiel*

Il s'agit d'une procédure dans laquelle on renforce un comportement s'il se produit dans une condition de stimulation donnée et on ne le renforce pas s'il se produit dans d'autres conditions, en l'absence de ces stimuli ou en présence d'autres. C'est la forme la plus simple du renforcement différentiel.

Exemple:

- voir l'instituteur → dire «papa» → pas de renforçateur
- voir son papa → dire «papa» → le papa l'embrasse et le serre dans ses bras.

Cette même procédure peut s'appliquer lorsqu'il y a plusieurs stimuli et aussi plusieurs réponses.

Exemple:

- voir son instituteur → dire: «Bonjour monsieur» → renforçateur.
- voir l'instituteur → dire: «Bonjour papa» → pas de renforçateur.
- voir son papa → dire: «Bonjour papa» → renforçateur.
- voir son papa → dire: «Bonjour monsieur» → pas de renforçateur.

On utilise donc à la fois une procédure de renforcement positif et une procédure d'extinction.

§ 2. *Mettre en évidence certaines caractéristiques des stimuli discriminatifs*

Cette mise en évidence exige d'abord et en premier lieu que l'on ait *soigneusement identifié les caractéristiques importantes de ce stimu-*

lus, et en particulier sa topographie. Cela peut paraître simple, lorsqu'il s'agit par exemple de comportements comme lire la lettre «A» en majuscule. Mais quelles sont les caractéristiques du stimulus devant faire apparaître le comportement «se brosser les dents»?

Ayant identifié clairement les caractéristiques du stimulus discriminatif, il faudra dans un second temps *attirer de façon particulière l'attention du sujet sur ces caractéristiques*. On pourra, par exemple, analyser avec lui la situation et mettre en évidence ses caractéristiques. Ainsi, en vue d'augmenter la capacité des parents de renforcer les comportements adéquats de leurs enfants et d'ignorer les comportements inadaptés, on analysera avec eux des séquences d'interactions parents-enfants.

On pourra aussi renforcer certaines caractéristiques du stimulus discriminatif. Dans l'exemple ci-dessous, pour apprendre à un enfant à colorier dans un cercle, on a renforcé l'épaisseur des traits. Au fur et à mesure que l'enfant respecte les limites indiquées par les traits, on en diminue l'épaisseur pour arriver en fin de compte à l'épaisseur normale.

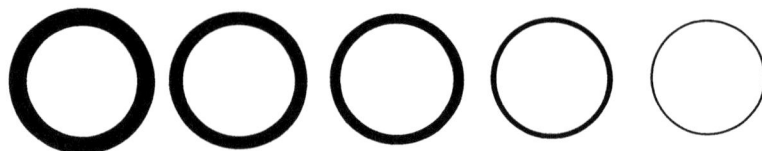

§ 3. *Faciliter l'émission de la réponse attendue*

On ne peut en effet se contenter d'attendre l'apparition de la réponse. Il sera souvent nécessaire d'en faciliter l'apparition dans les conditions de stimulus discriminatif. A cette fin, on utilisera des *procédures de démarrage ou d'incitation* (prompting procedures). Ces procédures sont de trois types: instructions verbales, démonstration ou imitation, et guidance physique.

Remarque: Ces procédures sont souvent utilisées conjointement à d'autres, non seulement pour amener le sujet à émettre un comportement qui existe dans son répertoire, mais aussi pour lui apprendre un nouveau comportement. Néanmoins, comme elles concernent avant tout les stimuli antécédents, nous les envisageons dans le cadre de ce chapitre.

- *Instructions verbales*

Elles consistent à fournir au sujet une description verbale du comportement que l'on attend de lui ou simplement à lui dire de manifester le comportement attendu. Par exemple : « Tu te lèves et écris ton nom au tableau. Vas-y » ou « Tu prends ton cahier de travail et y écris les réponses aux questions 1 à 5 ».

Ces instructions verbales sont largement utilisées dans l'enseignement, sans cependant avoir toujours toute l'efficacité voulue. C'est qu'en effet pour être suivies d'effet, ces instructions verbales doivent répondre à certains critères :

- Elles doivent *décrire exactement* le comportement attendu du sujet, et en particulier ses différentes étapes s'il s'agit du comportement complexe constitué d'une chaîne de réponses.

- Elles doivent être exprimées dans un *langage à la portée du sujet*. A cet égard, on pourrait insister sur le fait qu'avec les arriérés mentaux tout au moins, on n'utilise jamais un langage assez simple.

- Elles doivent porter de plus sur des *comportements dont on sait que le sujet les possède*. C'est encore facile à déterminer si le sujet est handicapé physique ; ce l'est moins s'il est handicapé mental (on vérifiera par exemple si ce comportement est déjà apparu dans d'autres circonstances ; si tel n'est pas le cas, il faudra faire appel à d'autres procédures visant l'apprentissage du comportement).

- Il faut veiller à ce que *d'autres stimuli* n'interfèrent pas avec les instructions verbales et empêchent ainsi l'apparition de la réponse attendue. C'est le cas par exemple quand un maître essaye d'expliquer un travail à une classe qui par ailleurs est attentive aux grimaces d'un élève de cette classe.

- Enfin — et ce n'est qu'un rappel, mais un rappel essentiel — il importe de *pratiquer un renforcement différentiel des réponses*, ce qui est souvent oublié par l'éducateur ! Après avoir émis la réponse attendue, le sujet sera donc renforcé. Un travail d'Ayllon et Azrin (1964) est exemplaire à ce propos. Voulant apprendre à des schizophrènes chroniques à utiliser cuillère, fourchette et couteau pour manger, ils observent que l'emploi d'instructions suivies de la dispensation de jetons provoquent des résultats nettement meilleurs que l'emploi d'instructions seules.

Remarques importantes :

1. Les instructions verbales peuvent dans un certain nombre de cas, constituer les seuls stimuli discriminatifs : « Viens ici », questions d'examens par exemple.

2. Le sujet peut parfois se donner des instructions à lui-même, en particulier dans certaines thérapies comportementales (voir Fontaine, 1978).

- *Procédures d'imitation*

Les procédures de démarrage peuvent également être d'ordre *visuel*. Ces procédures sont particulièrement appropriées pour les handicapés qui ont des difficultés à maîtriser le langage verbal. On les utilise donc souvent *en complément* des instructions verbales. En complément des instructions verbales, et *non à leur place*, étant donné qu'à l'avenir, seules les instructions verbales subsistent généralement.

Pour *utiliser efficacement* ce type de procédure, plusieurs conditions sont importantes :

- *Bonnes conditions de réception* : le sujet doit être calme; ambiance calme. Il doit prêter attention au modèle et le regarder.

- Comme pour les instructions verbales, il faut faire imiter des comportements qui sont *à la portée des sujets* ou, en tout cas, dont certaines composantes sont déjà acquises.

- Choisir un modèle, qui par certains aspects, est *proche* du sujet et qui cependant présente un certain prestige (par exemple, celui de l'âge, d'une formation plus avancée). L'expérience que le sujet pourrait avoir déjà eue avec ce modèle est également un facteur déterminant.

- Il faut d'abord que le sujet soit *capable d'imiter*; aussi il faudra parfois renforcer le comportement d'imitation du sujet, dans de nombreuses situations. En cas de difficultés majeures à ce niveau, il faudra même lui apprendre à imiter (voir Baer, Peterson et Sherman, 1967; Streifef, 1974).

- *Renforcer* le comportement que manifeste le modèle, en se servant notamment de renforçateurs susceptibles de convenir également au sujet qui doit imiter. On renforcera également le sujet lorsqu'il exécutera le comportement, après le modèle. Ceci sera particulièrement important pour les handicapés, qui ont souvent des déficits sur le plan de leur capacité à imiter.

Il faut insister pour que le sujet manifeste le comportement. C'est plus efficace que le simple «apprentissage par observation» dans lequel le sujet n'exécute pas immédiatement la réponse observée.

Remarque: Comme les deux autres procédures de démarrage, la procédure d'imitation peut aussi être utilisée pour apprendre au sujet un nouveau comportement. Beaucoup de comportements sont appris en effet, en voyant exécuter ces comportements par un modèle, sans que souvent il y ait quelque volonté ou intentionalité de la part de ce modèle. C'est ce qui se passe en famille ou en classe, lorsque l'enfant imite les comportements d'un aîné ou d'un camarade. En ce qui concerne les handicapés, l'imitation présente un double intérêt. D'une part, elle est souvent invoquée pour critiquer les formules d'enseignement ségrégé et promouvoir l'intégration dans des structures dites «normales»; d'autre part, un certain nombre de handicapés, parmi les plus graves surtout, présentent de sérieux déficits sur le plan de leur capacité à imiter et des procédures d'apprentissage doivent être mises en place pour améliorer cette capacité à imiter.

Cette procédure d'imitation peut également être fort utile en classe, par exemple, pour faire disparaître un comportement inadapté. Ainsi, on renforce un enfant qui présente le comportement que l'on voudrait faire acquérir à un autre enfant, en remplacement de son comportement inadapté.

Exemple: Un enfant, Pierre, est inattentif: il lève la tête très souvent. Le maître félicite alors son camarade, Jean, qui lui, prête attention au travail. Après quelques répétitions de cette situation, Pierre deviendra probablement plus attentif.

- *Guidance physique*

Un troisième type de procédure, *plus directif encore*, peut être utilisé, en particulier avec les sujets les plus handicapés. C'est la guidance physique (physical guidance) ou encore *guidance manuelle* (manual guidance), dans laquelle l'éducateur aide manuellement le sujet à exécuter le comportement requis. Il estompe ensuite cette aide pour que finalement le sujet émette seul le comportement.

Ainsi, pour apprendre à un sujet gravement handicapé à tirer la chasse au W.C., l'éducateur lui prendra la main pour la soulever, puis ensuite pour saisir la poignée, puis enfin pour tirer la chasse.

Pour atteindre son objectif, la guidance manuelle doit être utilisée dans les *conditions* suivantes:
- Le sujet doit y *prêter attention*. C'est quelque peu plus difficile que pour les autres procédures, dans la mesure où ici les stimuli sont essentiellement intéroceptifs. D'où l'importance d'un cadre calme.
- Le sujet doit «percevoir» cette guidance comme *étant douce*. C'est une procédure plus contraignante que les autres, qui exige un contact

physique étroit et il est essentiel que le sujet ne se sente pas exagérément contraint.
- La guidance physique sera à tout moment *minimale*, pour ne pas créer une dépendance du sujet et augmenter sa passivité.

La *guidance adaptée* (adapted guidance) est une forme particulière de la guidance manuelle; elle a été mise au point par Foxx et Azrin (1973) dans le cadre d'un programme d'éducation sphinctérienne pour arriérés mentaux. La différence entre la technique de guidance adaptée et de guidance manuelle est que, dans le cas de la guidance adaptée, la pression manuelle est adaptée à chaque instant en fonction de la performance du sujet à ce moment-là.

Voici les indications précises que ces auteurs donnent quant à l'emploi de la guidance adaptée:
1. «Exercez à chaque instant la force tout juste nécessaire pour bouger la main du sujet dans la direction désirée.
2. Au début de chaque essai, utilisez la force minimale (un simple toucher peut parfois suffire) jusqu'au moment où la main commence à bouger dans le sens désiré.
3. Quand la main commence à bouger, diminuez immédiatement et graduellement la guidance aussi longtemps que la main du sujet continue le mouvement.
4. Si le sujet arrête en cours d'essai, augmentez immédiatement et graduellement la guidance jusqu'à ce qu'il en résulte à nouveau un mouvement.
5. Si le sujet s'oppose et pousse sa main dans la direction opposée à celle que l'on souhaite, appliquez juste assez de force pour contrecarrer le mouvement inadéquat et gardez ainsi immobile la main du sujet.
6. Dès que la résistance diminue, diminuez immédiatement la force avec laquelle vous tenez la main du sujet de façon à l'adapter à sa résistance.
7. Lorsque cette résistance cesse, recommencez immédiatement mais graduellement à guider la main en utilisant la force tout juste nécessaire.
8. Une fois l'essai commencé, guidez la main jusqu'à ce que le comportement soit complètement et correctement exécuté; ne renoncez pas et n'abandonnez pas avant la fin.
9. A la fin de l'essai, donnez une récompense.

10. Donnez la récompense en même temps que le comportement atteint son but, par exemple que la culotte est relevée.
11. Donnez la récompense après avoir terminé la guidance et donc supprimé même le plus petit contact.
12. Les félicitations seront également utilisées durant la guidance mais seulement lorsque le sujet participe activement au mouvement et jamais lorsqu'il résiste ou est tout à fait passif» (Foxx et Azrin, 1973).

2. Les procédures d'estompage des stimuli

La mise en évidence des caractéristiques essentielles du stimulus, ainsi que les incitations complémentaires pour amener le sujet à émettre les réponses attendues, sont souvent nécessaires pendant un certain temps pour réaliser cet apprentissage discriminatif. Elles présentent cependant un danger important, si on les utilise mal, à savoir: être toujours nécessaires à l'apparition du comportement. De cette façon, le sujet devient dépendant non pas des seuls stimuli naturels de l'environnement, mais davantage de ces stimuli «artificiels» surajoutés. D'où la nécessité d'un *estompage progressif* (fading) de ces procédures d'appoint.

Cet estompage consiste donc à diminuer très progressivement les incitations et les aides complémentaires jusqu'à finalement placer le sujet en présence des seuls stimuli naturels.

La règle d'or consiste à diminuer ces incitations *très progressivement*, en résistant à notre tendance spontanée à vouloir aller trop vite.

Remarque: Le terme «estompage» porte uniquement sur les stimuli antécédents. La diminution du nombre de renforçateurs, par exemple le passage du programme de renforcement continu au programme de renforcement intermittent, ne peut être considérée comme un estompage (voir chapitre 11).

Voici, à titre d'exemple, le tableau des incitations «aller à la toilette», établi par Foxx et Azrin (1973). Ce tableau fait bien apparaître la mise en place de l'estompage progressif, d'abord du toucher, puis des instructions verbales, puis du geste.

Tableau 10.1 : Incitations à aller à la toilette

Règles générales

1. Déterminez l'incitation la plus faible à laquelle le sujet réagit. Cela peut être : le toucher, lui indiquer la toilette, ou lui donner une instruction.
2. Utilisez une incitation plus faible à chaque fois que vous envoyez le sujet à la toilette.
3. Après avoir incité le sujet, attendez quelques secondes avant de recourir à la guidance adaptée.
4. Dans la séquence ci-dessous, les incitations sont classées de la plus forte à la plus faible. Habituellement, le sujet commence à aller à la toilette de lui-même, avant que vous n'en soyez arrivé à l'incitation la plus faible.

Etapes

Incitations	*Exemples*
1. Instruction verbale + geste + toucher	« Jean, va aux toilettes » indiquer la toilette le toucher légèrement pour qu'il se lève (si nécessaire, le conduire aux toilettes)
2. Instruction verbale + geste pas de toucher	« Jean, va aux toilettes » indiquer la toilette
3. Instruction verbale réduite + geste pas de toucher	« Jean, toilette » indiquer la toilette
4. Instruction verbale réduite + geste pas de toucher	« toilette » indiquer la toilette
5. Pas d'instruction verbale geste pas de toucher	 indiquer la toilette du bras (tendu) et d'un mouvement de la tête
6. Pas d'instruction verbale geste réduit pas de toucher	 indiquer la toilette du bras (partiellement tendu) et d'un mouvement de la tête
7. Pas d'instruction verbale geste réduit (pas de mouvement du bras) pas de toucher	 indiquer la toilette de la tête (mouvement complet)
8. Pas d'instruction verbale geste réduit pas de toucher	 indiquer la toilette d'un petit mouvement de la tête
9. Pas d'instruction verbale geste réduit (pas de mouvement de la tête) pas de toucher.	 indiquer la toilette des yeux

(Foxx et Azrin, 1973, 47-48)

Dans le cas de la guidance manuelle, l'estompage peut prendre plusieurs formes :

- Réduire la force ou la pression de la main sur celle du sujet.

- Pratiquer l'estompage spatial, c'est-à-dire que l'on déplace le contact de la main vers le poignet, puis l'avant-bras, puis le coude, puis le bras et finalement l'épaule et le dos.

- On peut également utiliser la technique dite de l'«ombre» dans laquelle l'éducateur place ses mains à proximité (c'est-à-dire à quelques centimètres) de celles du sujet, sans les toucher, et accompagne ainsi le mouvement («comme une ombre»).

Chapitre 11
Comment programmer le maintien du comportement et la généralisation des stimuli ?

L'expérience quotidienne, de même d'ailleurs que la pratique et les recherches en modification du comportement, nous apprennent qu'un comportement ne persiste pas nécessairement après son acquisition et dans un grand nombre de cas, il risque même de disparaître.

Exemples :
- Un enfant a appris à se laver la figure et les mains convenablement en classe avec son institutrice. Après un séjour en famille, pendant les vacances, il ne sait plus se laver. Il a «oublié» le comportement appris.
- Vous savez vous-même qu'une langue que vous avez apprise et que vous ne pratiquez pas fréquemment, vous finissez par l'oublier.

De plus, le comportement appris n'est pas nécessairement manifesté dans des situations différentes de celles dans lesquelles l'apprentissage s'est déroulé.

Exemples :
- Ainsi, un enfant peut savoir se laver le visage et les mains en classe, mais ne pas le faire en famille. Il n'y a pas, dit-on, de «transfert de l'apprentissage».
- De même, un enfant autistique peut dire quelques mots lorsqu'il est seul avec la logopède, dans son bureau, mais pas lorsqu'il la rencontre en dehors de son bureau ou lorsqu'il est en classe avec son institutrice.

Il est certain cependant que *les procédures d'éducation comportementale n'ont d'intérêt que si elles conduisent à des acquisitions qui, d'une part, sont stables et durables et, d'autre part, susceptibles d'être utilisées dans les diverses situations où elles pourraient être utiles et appropriées, et être intégrées dans des acquisitions plus évoluées.* On peut même aller plus loin et s'interroger sur l'intérêt que peuvent avoir certaines acquisitions, dont on ne sait à quoi elles serviront dans la suite, en dehors de la situation d'apprentissage. Aussi, nous insisterons ici sur le fait que la question du *maintien* et du *transfert des comportements acquis* doit être posée *au début de la préparation du programme*. Comme ce maintien et ce transfert du comportement acquis ne se réalisent pas automatiquement, il ne faut en aucun cas en laisser la responsabilité au hasard mais bien les prévoir et les programmer.

1. Procédure de maintien du comportement appris

Le but visé ici par la procédure de maintien (maintenance procedure) est donc d'assurer la persistance du comportement ou son maintien, en dehors de la situation d'apprentissage proprement dite. A cette fin, non seulement on pratiquera l'estompage des incitations « artificielles » éventuellement utilisées pour faire apparaître et/ou acquérir le comportement (chapitre 10), mais en plus on agira au niveau de la procédure de renforcement et des renforçateurs.

§ 1. On passera d'un programme de renforcement continu à un *programme de renforcement intermittent* : chaque émission du comportement ne sera donc plus renforcée; seuls certains comportements seront renforcés. On utilisera donc des programmes de renforcement à rapport fixe (autre que FR 1, bien sûr) ou variable ou à intervalle fixe ou variable.

Dans le chapitre 7, nous avons déjà défini les programmes de renforcement continu et intermittent. Nous nous attarderons ici aux programmes de renforcement intermittent. Rappelons que dans le renforcement continu, le renforçateur est octroyé après chaque réponse. Il provoque ainsi une amélioration rapide du comportement, mais ce dernier disparaît rapidement quand le renforcement devient discontinu. Par contre, dans les programmes de renforcement intermittent, le renforçateur n'est plus distribué après chaque réponse. Dans le programme de renforcement à *intervalle fixe* (FI ou fixed interval) ou *variable* (VI ou variable interval), on tient compte du *temps*. Le renforçateur est distribué à *intervalle temporel fixe* s'il suit la première réponse apparue après un intervalle déterminé de temps. FI 5, par exemple, signifie que le renforçateur suit la première réponse apparaissant après un intervalle de 5 minutes.

Le renforçateur est par contre distribué à *intervalle variable* s'il suit la première réponse émise après un intervalle de temps variable. La durée des différents intervalles est variable mais oscille autour d'une valeur moyenne donnée. VI 5 signifie qu'en moyenne le comportement est renforcé toutes les 5 minutes. La durée des intervalles peut être, par exemple, de 3 minutes, 2 minutes, 8 minutes, 7 minutes. Dans le cas de renforcement à intervalle variable, le comportement est très résistant à l'extinction. Le tableau ci-dessous donne la durée des intervalles pour différentes durées moyennes.

Tableau 11.1: Tableau d'intervalles temporels variables pour différentes durées moyennes

5 min	10 min	15 min	20 min	30 min	60 min
.30	.30	.30	.30	.30	.30
5.00	12.00	12.00	1.00	50.00	90.00
.30	1.00	25.00	5.00	40.00	60.00
1.00	16.00	14.00	40.00	40.00	90.00
2.00	12.00	20.00	20.00	5.00	20.00
.30	12.00	5.00	5.00	20.00	70.00
.30	10.00	30.00	5.00	5.00	.30
10.00	5.00	15.00	30.00	60.00	50.00
3.00	16.00	12.00	10.00	30.00	30.00
.30	11.00	15.00	15.00	10.00	70.00
12.00	6.00	14.00	.30	30.00	5.00
1.00	9.00	10.00	40.00	.30	70.00
7.00	10.00	27.00	25.00	60.00	90.00
3.00	11.00	17.00	45.00	50.00	50.00
6.00	.30	15.00	30.00	20.00	.30
1.00	14.00	.30	10.00	.30	70.00
8.00	7.00	27.00	15.00	40.00	20.00
7.00	.30	15.00	30.00	50.00	90.00
.30	15.00	.30	15.00	30.00	90.00
8.00	15.00	25.00	35.00	60.00	60.00
12.00	13.00	10.00	15.00	20.00	80.00
6.00	2.00	5.00	40.00	50.00	30.00
2.00	16.00	17.00	25.00	10.00	80.00
9.00	4.00	1.00	.30	45.00	80.00
11.00	5.00	30.00	35.00	15.00	50.00
9.00	11.00	20.00	20.00	20.00	60.00

(Extrait de Sloane H.N., 1976, 149-151).

Dans les programmes de renforcement à *rapport* (ou *proportion*) *fixe* (FR ou fixed ratio) ou *variable* (VR ou variable ratio), on tient compte du nombre de réponses. On parle de *rapport fixe* si le renforçateur est distribué toutes les «n» réponses. FR 5 signifie que le renforçateur est distribué toutes les 5 réponses.

Le renforçateur est par contre distribué selon un programme de renforcement à *rapport variable* s'il suit un nombre variable de réponses oscillant autour d'une moyenne déterminée. VR 5 signifie que le renforçateur est distribué en moyenne toutes les 5 réponses (par exem-

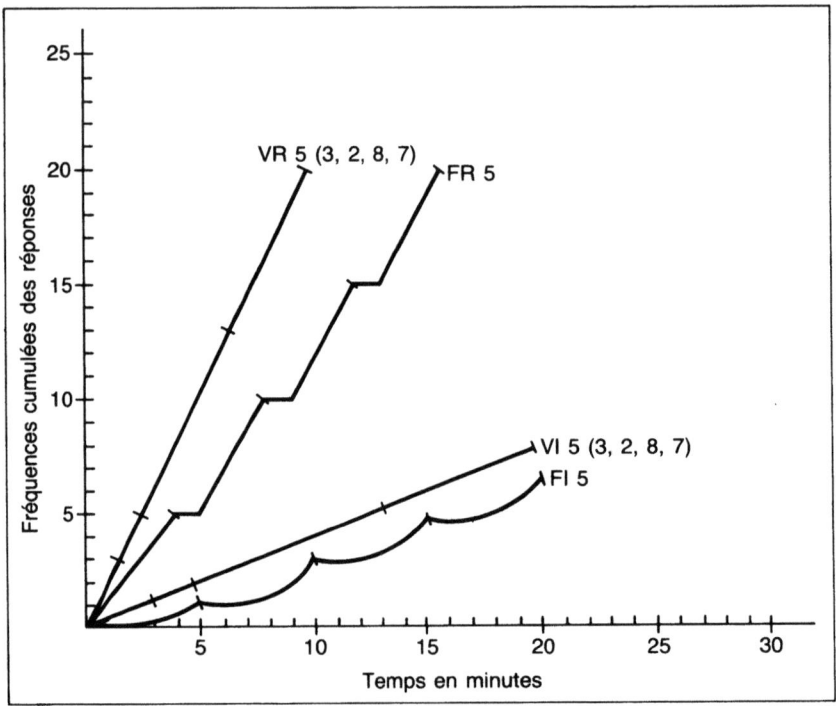

Fig. 11.1. Evolution des fréquences cumulées des réponses en fonction du temps, pour les 4 programmes de renforcement.
F.I. : débit faible des réponses / pause à la suite de l'attribution du renforçateur.
V.I. : débit faible des réponses / débit constant des réponses / comportement résistant à l'extinction.
F.R. : débit élevé des réponses (surtout si FR 1) / pause après chaque renforcement.
V.R. : débit élevé des réponses / débit constant des réponses / comportement résistant à l'extinction.

ple, après 3, puis 2, puis 8, puis 7 réponses). Dans ce dernier cas, le comportement est très résistant à l'extinction.

Dans la pratique, *pour maximiser les effets du renforcement, on combine plusieurs types de programmes*: en début d'apprentissage, ainsi que nous l'avons vu, on utilise le renforcement continu, puis l'on passe à l'un ou l'autre programme de renforcement intermittent. On peut, en effet, résumer comme suit les principaux effets des divers programmes de renforcement.

Un aspect mérite d'être souligné à propos des programmes de renforcement. Il est en effet largement démontré qu'un phénomène de *satiété* peut apparaître, de sorte que les renforçateurs sont de moins en moins efficaces. Le passage à un programme de renforcement intermittent empêche l'installation de cette satiété.

§ 2. Le passage au *renforcement intrinsèque* et à l'*autorenforcement* est une seconde procédure intéressante. Pour rappel, les renforçateurs intrinsèques sont les renforçateurs liés directement à l'exécution d'un comportement donné. Il est évidemment difficile de savoir quand ces renforçateurs intrinsèques sont à l'œuvre. On peut cependant conclure qu'une activité fournit au sujet des renforçateurs intrinsèques si le sujet s'y engage fréquemment.

Quant à l'autorenforcement, il peut lui aussi faire l'objet d'un apprentissage. On pourra, par exemple, apprendre au sujet à exprimer verbalement son sentiment de satisfaction lorsqu'il aura accompli une tâche déterminée. Un certain nombre de travaux montrent par ailleurs que même des sujets relativement handicapés peuvent apprendre à s'autorenforcer.

C'est le moment de rappeler que la critique faite habituellement à l'approche comportementale, à savoir qu'elle entretient la dépendance du sujet vis-à-vis des renforçateurs et en particulier des renforçateurs extrinsèques, n'est pas pertinente, au regard de ce qui vient d'être dit.

2. Apprentissage de la généralisation des stimuli

Alors que les procédures de maintien portent essentiellement sur le renforcement et les renforçateurs, l'accent est mis ici sur les *stimuli*, l'objectif étant de faire en sorte que le comportement acquis dans certaines conditions de stimulation données apparaisse aussi dans d'autres conditions environnementales, c'est-à-dire en présence de *stimuli similaires* (mais non absolument identiques). On parle de généralisation de stimuli (stimulus generalization) ou encore de transfert du comportement.

Cette généralisation des stimuli constitue un *objectif fondamental* de tout apprentissage, dans la mesure où les conditions de stimulation, hors de la situation d'apprentissage, ne sont pas exactement identiques à celles existant durant l'apprentissage et ne sont d'ailleurs pas toujours pareilles. Ainsi, si un sujet a appris à respecter les feux de signalisation en situation d'apprentissage, ceux-ci peuvent se présenter quelque peu différemment dans la situation naturelle, tout en gardant cependant la même valeur discriminative; leur hauteur peut varier, parfois leur disposition. Les feux peuvent même être remplacés par des agents de la circulation, dont les gestes ont la même signification que les feux. C'est donc aussi tout l'aspect *signification*, sens, dont il est question ici, indépendamment des petites variations physiques des stimuli.

Avec des personnes handicapées ou qui présentent de graves problèmes, cette généralisation constitue un véritable *défi pédagogique*, vu leur difficulté à accéder au sens et leur dépendance plus étroite des perceptions du moment. Ce défi se pose tant au niveau individuel qu'au niveau institutionnel. A ce dernier niveau, on peut par exemple s'interroger sur les répercussions des mesures ségrégatives des handicapés et de leur placement dans des structures scolaires ou autres, certes adaptées mais qui risquent, par le fait même, d'être par trop différentes des situations naturelles de l'environnement.

La mise en place d'une généralisation des stimuli se fera donc par une *action spécifique au niveau des stimuli*, dans 3 orientations différentes. On veillera tout d'abord à *réaliser l'apprentissage dans des conditions d'environnement dont les différences seront progressivement accentuées*. Ainsi, un enfant arriéré pourra apprendre à parler avec la logopède dans son bureau, en session individuelle, puis en classe avec ses compagnons, puis dans d'autres situations moins contrôlées comme la rue ou le magasin. D'une manière générale, on introduira un nombre de plus en plus grand de personnes ou on modifiera la configuration des stimuli.

On mettra ensuite l'accent sur les *éléments communs à plusieurs situations*. Ainsi, parents et maître utiliseront le même vocabulaire pour s'adresser à l'enfant handicapé.

Enfin, on peut introduire *temporairement* des *stimulations supplémentaires efficaces que l'on estompera ultérieurement*. Par exemple, on rappellera au préalable à l'enfant handicapé ce qu'il doit faire.

Remarque : La généralisation des stimuli est un processus différent de la généralisation des réponses (response generalization). Dans le premier cas, on vise à ce qu'une réponse donnée apparaisse dans différentes conditions de stimulation. Par contre, on parle de généralisation de la réponse quand l'apprentissage d'une réponse donnée modifie la probabilité d'apparition d'autres réponses voisines.

Chapitre 12
Comment mettre au point et appliquer un programme d'éducation comportementale ?

Dans les chapitres précédents (chapitres 3 à 11), nous avons envisagé les différentes étapes et procédures de l'éducation comportementale, du choix des priorités éducatives au maintien des acquis et à la généralisation des stimuli. Il importe à présent de tenter une synthèse, en envisageant concrètement la mise au point du programme et son application.

Attirons dès à présent l'attention sur la nécessité de rédiger ce programme *par écrit*; il s'agit d'une condition impérative, étant donné l'ensemble des éléments qui doivent y être précisés, la nécessaire coordination entre les différentes personnes concernées qu'exige toute intervention éducative, et les exigences de validation scientifique (chapitre 13).

Cette mise au point se fait en trois étapes :
- Formuler les objectifs précis visés en indiquant le comportement observable et mesurable, les conditions d'environnement dans lesquelles ce comportement doit apparaître et le critère de réussite exigé.
- Choisir les techniques d'observation du comportement approprié et de mise en graphique des données.
- Sur base de l'analyse fonctionnelle et des autres critères présentés, choisir les techniques d'intervention appropriées :
  - déterminer le cadre général de l'intervention : où, quand, à quel rythme, durée, nom des intervenants ;
  - choisir les antécédents spécifiques au comportement ;

- choisir la, et plus souvent, les procédures visant à modifier la probabilité d'apparition du comportement ;
- choisir les renforçateurs adéquats pour l'individu concerné et déterminer les programmes de renforcement utilisés ;
- choisir les procédures de maintien du comportement et de généralisation des stimuli.

Cette mise au point écrite peut se faire sur des fiches ad hoc, soit sur des fiches spécifiques à un programme donné, soit sur des fiches plus générales, comme la fiche de l'enseignement de précision. Nous proposons ci-après le modèle que nous utilisons et que nous appelons *« Fiche de programmation individualisée »*.

Après avoir complété cette fiche, on s'assurera une dernière fois de la qualité du programme. On pourra à cette fin utiliser la fiche d'évaluation mise au point par Gardner (1974).

| FICHE DE PROGRAMMATION INDIVIDUALISEE | F.P.I. N° |

année scolaire 19   -19
section :

Nom de l'enfant :
Nom du responsable :
Nom de l'intervenant :

1. OBJECTIF(S)

conditions du milieu :   *comportement visé :*   *niveau de performance :*

mode d'évaluation :

objectif(s) en texte suivi :

2. PROGRAMME DE L'INTERVENTION

qui/quand durée de l'intervention	ANTECEDENTS		Procédure(s)
	organisation du milieu (matériel,...)	(ce que je fais)	(ce que je dis)

F.P.I. N°

COMPORTEMENTS de l'enfant (ce que l'enfant va faire)	CONSEQUENCES renforçateurs, programme de renforcement	remarques

Date de la prochaine mise au point :

3. EVALUATION :   a) fiche de progression :

mode de cotation : réussite : +
étape terminée : ⊕
échec : −
absence : 0

date	étapes	séances 1 2 3 4 5 6 7 8 9 10 11 12 13 14 15	remarques

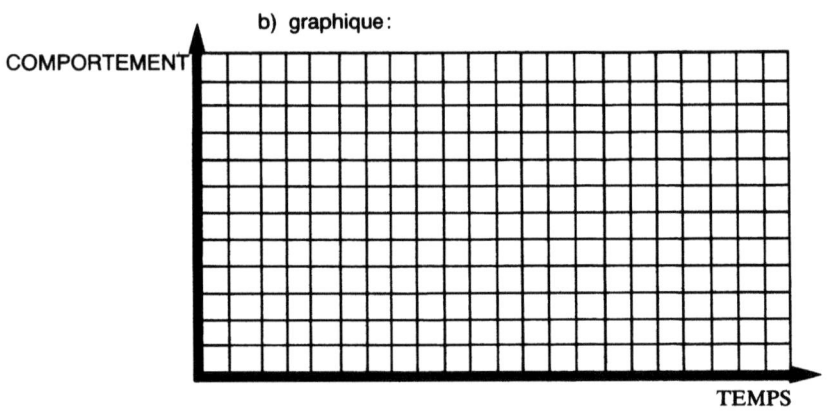

b) graphique :

Fiche d'évaluation d'un programme avant son application

---

1. Avez-vous précisé les comportements-cibles sur lesquels vous voulez agir aujourd'hui ?
2. Ces comportements s'intègrent-ils dans des objectifs comportementaux plus vastes ?
3. Avez-vous spécifié la procédure d'évaluation du comportement-cible ?
4. Avez-vous spécifié les procédures appropriées aux comportements que vous voulez modifier ?
5. Avez-vous spécifié les conditions d'environnement dans lesquelles ces procédures seront introduites ?
6. Les conséquences sont-elles appropriées ? Sont-elles disponibles ?
7. Avez-vous spécifié les procédures de dispensation des conséquences ?
8. Avez-vous spécifié le programme de renforcement utilisé ? En début de programme ? Au fur et à mesure de l'évolution du comportement ?
9. Avez-vous prévu d'autres stratégies en cas de difficultés ou d'échecs ?

Si en cours d'application du programme, des difficultés apparaissent et si vous constatez que le comportement n'évolue pas dans le sens souhaité, vous pouvez vérifier votre programme en utilisant une seconde fiche d'évaluation préparée également par Gardner (1974).

Fiche d'évaluation d'un programme en cas de difficultés

---

1. L'objectif comportemental visé est-il trop difficile pour l'enfant ?
2. Les procédures d'exposition (y compris les incitations) sont-elles appropriées ?
3. Y a-t-il des stimuli favorisant l'émission de comportements inadaptés antagonistes ? Peut-on les supprimer ?
4. Les conséquences sont-elles adéquates ?
5. Les conséquences sont-elles dispensées en temps opportun ?
6. Les conséquences sont-elles dispensées suffisamment souvent ?
7. L'enfant est-il au fait de la contingence de renforcement ?
8. L'environnement ne présente-t-il pas des caractéristiques qui provoquent un comportement de fuite de l'enfant ?
9. L'enfant présente-t-il des comportements incompatibles qui font l'objet d'un renforcement négatif ?

A supposer que votre programme vous donne les résultats attendus, une question se pose néanmoins, non seulement si vous voulez faire œuvre scientifique, c'est-à-dire dégager des lois du comportement, mais encore si vous voulez utiliser le même programme à l'avenir avec d'autres sujets : les progrès enregistrés sont-ils bien dus au programme, et non à quelque autre variable étrangère ?

Cette question est d'autant plus pertinente que dans de nombreux cas, les programmes sont des ensembles composites faisant appel à plusieurs procédures, et qu'il est donc tout à fait légitime, non seulement pour des raisons scientifiques mais aussi des raisons d'économie, de s'efforcer d'identifier dans cet ensemble les procédures essentielles et celles qui le sont moins ou même qui sont inutiles.

Peut-être pensez-vous qu'en comparant l'évolution du comportement avant et pendant le programme, vous validez par la même occasion votre programme. Il n'en est rien, car des *variables parasites* (counfounding variable) peuvent en effet très bien agir. Il ne s'agit pas là d'une notion nouvelle, puisqu'on a démontré depuis longtemps que le simple fait de participer à une expérience modifie le comportement des sujets de cette expérience; c'est l'effet Hawthorne. Cet effet est particulièrement important à prendre en compte lorsqu'on introduit pour la première fois la démarche comportementale dans un nouvel environnement. Il est vrai par ailleurs que cette introduction provoque par elle-même un certain nombre de modifications qui ne sont pas directement liées aux procédures utilisées, comme par exemple une observation plus attentive du comportement des sujets — qui agit d'ailleurs souvent comme renforçateur — ou l'introduction de personnel supplémentaire.

Par ailleurs, certains résultats peuvent être liés à des caractéristiques particulières des sujets, comme par exemple leur expérience antérieure des procédures utilisées, ou à des caractéristiques des intervenants ou du matériel utilisé. Pour résoudre ce problème il faut utiliser des *stratégies de vérification de la causalité* ou plans expérimentaux, ou encore desseins expérimentaux. Ce sera l'objet du chapitre suivant.

Chapitre 13
Les stratégies de vérification de la causalité

Pour s'assurer que le changement comportemental intervenu est bien dû au programme d'intervention utilisé, et non à quelque autre variable parasite, l'éducateur comportementaliste utilise *des desseins* ou *plans expérimentaux* (experimental design) ou *stratégies de vérification de la causalité*. Rappelez-vous: au chapitre 6, nous avons envisagé l'analyse fonctionnelle et avons insisté sur le fait que l'analyse fonctionnelle nous permettait de formuler une hypothèse fonctionnelle, en fonction de laquelle nous opérions notre choix des procédures d'intervention. C'est précisément le rôle des stratégies de vérification de la causalité de nous permettre de vérifier que les changements comportementaux sont bien dus au programme et donc de confirmer ou d'infirmer l'hypothèse fonctionnelle posée précédemment.

1. Les stratégies de vérification de la causalité

Ces stratégies de vérification de la causalité peuvent être de plusieurs types.

§ 1. *Dessein reversal* (reversal design) ou dessein ABAB ou renversement du procédé.

Ce dessein expérimental consiste en une alternance *des périodes A et B*:

- période A: durant laquelle on procède à la mise au point de la ligne de base, *avant* toute intervention expérimentale.

  Attention! La ligne de base n'est considérée comme *représentative* du comportement du sujet avant l'intervention que si elle est établie après une *période d'adaptation*. On constate en effet parfois que le simple fait d'observer plus attentivement le sujet et de noter son comportement a une influence sur ce dernier. Une période d'adaptation est donc nécessaire pour faire disparaître cet effet non désiré.

- période B: caractérisée par l'introduction de la modification comportementale, par l'application du programme.

Voici un exemple tiré de Côté et Plante (1978) qui montre comment évolue le comportement d'étude d'un garçon en fonction de l'attention que lui porte le maître.

L'application de ce dessin peut parfois présenter quelques *problèmes*. Il peut, par exemple, n'être *pas souhaitable* que le sujet présente

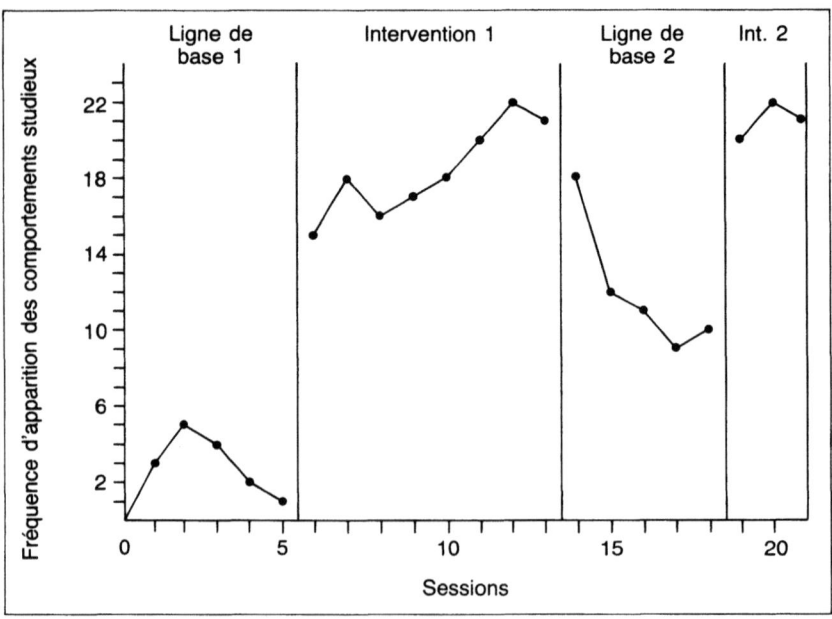

Fig. 13.1. Fréquence des comportements studieux par session d'observation de 30 minutes (modifié d'après Coté et Plante, 1978).

à nouveau son comportement de départ; c'est le cas lorsqu'on se trouve en présence d'enfants automutilateurs ou dont le comportement antisocial est difficilement supportable par l'environnement. Dans ce cas, il est préférable d'utiliser d'autres types de desseins expérimentaux, comme les lignes de base multiples présentées ci-dessous.

Il se peut, d'autre part, que *le comportement ne retourne pas tout à fait à son niveau de base*. Dans certains cas, cela peut être dû au fait que les modifications de comportement du sujet ont entraîné des modifications dans le milieu qui continuent à influencer le sujet, même en dehors de la phase expérimentale. Ce qui signifie en d'autres termes que le comportement est «maintenu» par son environnement.

Remarque: on peut remplacer le dessein ABAB par le dessein BABA, quand on ne peut faire une observation sans intervention immédiate, par exemple quand il y a urgence, et qu'on désire malgré tout utiliser le dessein reversal.

§ 2. *Dessein à lignes de bases multiples* (Multiple-baseline Design) ou phases initiales multiples ou encore niveaux de base multiples.

Ici, les modifications dans les contingences peuvent intervenir sous trois formes différentes.

1. Lignes de base multiples en fonction des comportements (Multiple-baseline across behaviors): la condition expérimentale est introduite *successivement* pour les divers comportements, après que chacun d'eux ait atteint un niveau stable: chaque comportement ne change que lorsque la condition expérimentale est introduite et pas avant.

Voici un exemple rapporté par Hall, Cristler, Cranston et Tucker (1970). Il s'agit d'une fillette de 10 ans qui éprouve de grandes difficultés à mener à bon terme ses activités extra-scolaires, et en particulier les activités suivantes: jouer de la clarinette, terminer plusieurs projets en rapport avec le mouvement de jeunesse qu'elle fréquente, lire plusieurs ouvrages pour en faire un compte rendu avant Noël. Après une période d'observation, les auteurs introduisent la procédure expérimentale suivante: l'enfant doit aller coucher plus tôt, si elle ne s'occupe pas durant 30 minutes à ces trois activités. En fait, pour chaque minute qu'elle ne consacre pas à ces activités extra-scolaires, son heure de coucher est également avancée d'une minute. Cette procédure est introduite à des moments différents pour les trois comportements. L'observation du graphique ci-dessous montre bien que les comportements ne changent qu'au moment où on introduit la procédure expérimentale et pas avant.

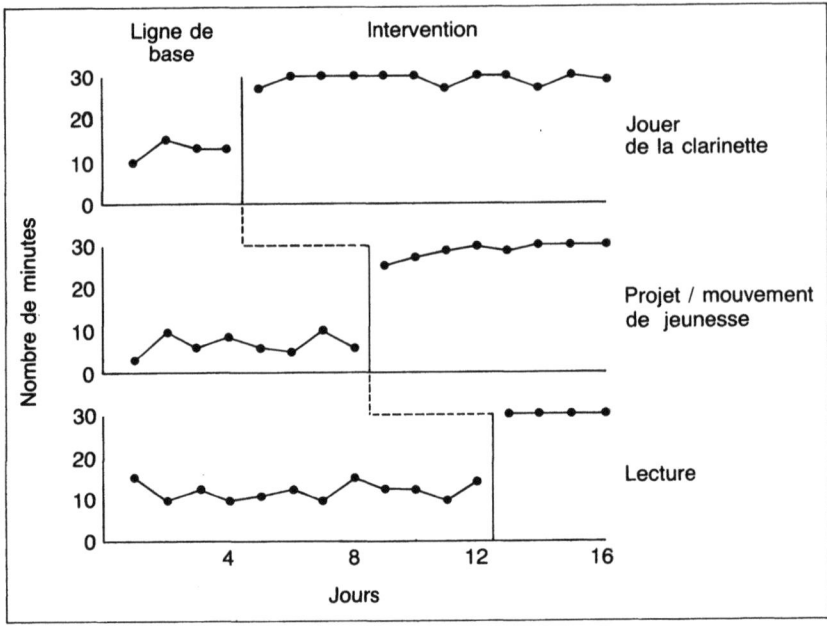

Fig. 13.2. Temps passé à réaliser les 3 activités: jouer de la clarinette, terminer des projets en rapport avec le mouvement de jeunesse et lire des livres (modifié d'après Hall, Cristler, Cranston et Tucker, 1970).

Voici un deuxième exemple, tiré de Moore & Bailey (1973). Le graphique ci-dessous reprend les pourcentages de comportements «pré-scolaires» et de comportements sociaux d'un sujet, soit avec sa mère, soit avec l'expérimentateur. Dans la condition expérimentale «avec indices», la mère recevait des instructions précises: l'expérimentateur lui signalait quand elle devait donner une tâche à l'enfant, quand elle devait le féliciter et quand elle devait le punir (Fig. 13.3).

2. Lignes de base multiples en fonction des individus (Multiple Baseline across individuals): après que le comportement de chaque individu a atteint un niveau stable, la condition expérimentale est introduite, mais pour un seul individu à la fois, tandis que les conditions restent inchangées pour les autres. Chaque individu n'est donc introduit dans la phase expérimentale que progressivement et le changement n'apparaît qu'à ce moment.

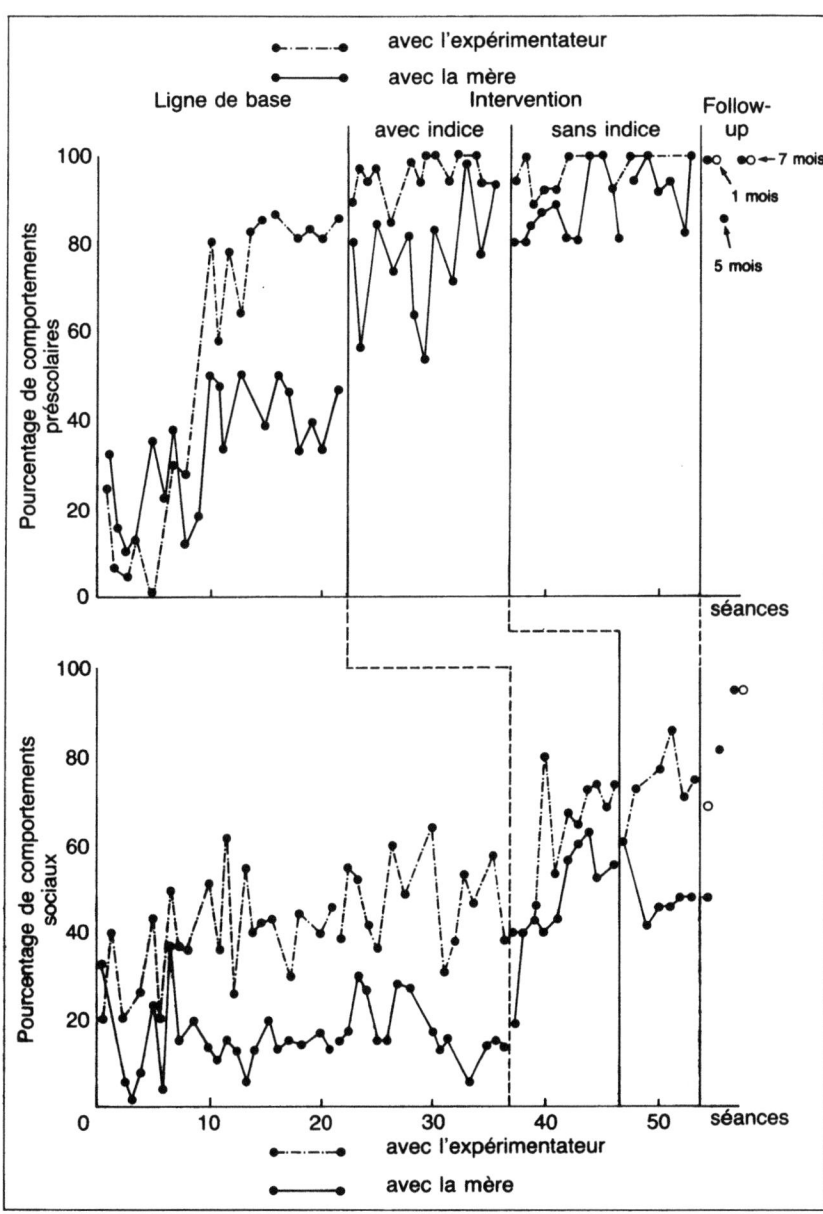

Fig. 13.3. Pourcentages de comportements préscolaires et sociaux d'un sujet avec sa mère et l'expérimentateur, durant chaque session (Moore et Bailey, 1973).

Ce dessein expérimental est utilisé par Miller et Sloane dans un programme de formation de 5 mères de jeunes enfants de 6 à 12 ans, n'ayant pas de langage fonctionnel, mais capables cependant de vocaliser. Le programme de formation visait à apprendre aux mères à inciter davantage leur enfant à vocaliser et à prêter davantage attention à leurs vocalises, durant une collation. Le graphique ci-dessous met

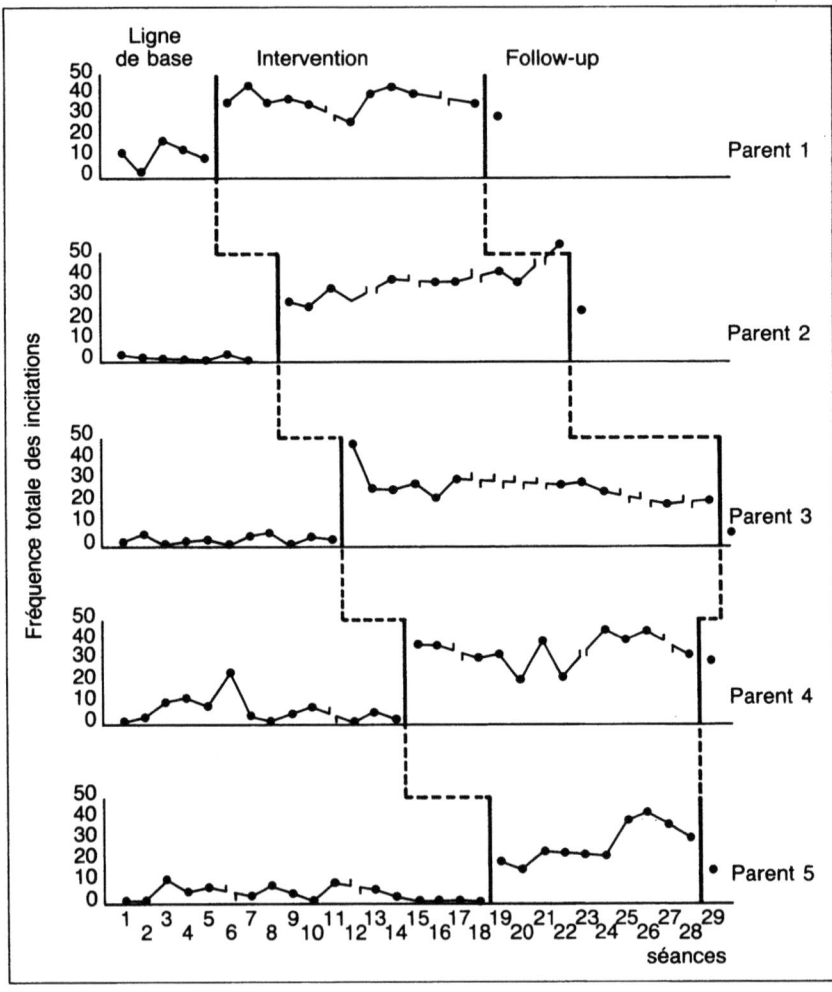

Fig. 13.4. Fréquences totales des incitations à vocaliser durant la collation avant, pendant et après la formation pour chacune des 5 mères (Miller & Sloane, 1976).

en évidence le fait que les changements quant à l'incitation des vocalises n'interviennent pour chacune des mères que suite à la formation reçue.

Voici un deuxième exemple tiré de Bornstein & Quenvillon (1976) et repris par Ladouceur & Begin (1980). Le graphique ci-dessous indique les pourcentages quotidiens de comportements d'attention de 3 garçons d'âge préscolaire et hyperactifs, durant les quatre phases: phase A, soit la ligne de base; phase B, soit le traitement consistant en une séance d'apprentissage de deux heures pendant laquelle l'enfant apprend à se concentrer sur une tâche; phase C, soit après le traitement et phase D, soit contrôle aux 60e et 90e jours (Fig. 13.5).

3. Lignes de base multiples en fonction des situations ou du temps (Multiple Baseline across situations or time): le principe en est le même: la condition expérimentale est introduite à des moments différents ou dans des situations différentes. Le comportement ne change que suite à l'introduction de la condition expérimentale.

Ainsi, Hall, Cristler, Cranston & Tucker (1970) observent que le nombre d'élèves arrivant en retard de la récréation diminue uniquement lorsqu'on introduit la procédure expérimentale, d'abord pour la récréation de midi, puis du matin et enfin de l'après-midi. Dans ce cas, la procédure expérimentale consistait à indiquer sur un tableau («Patriots chart») le nom des élèves arrivant à l'heure (Fig. 13.6).

§ *3. Dessein expérimental avec changement de critère* (Changing criterion design).

Ce dessein consiste à mettre en évidence que le comportement atteint, au cours d'expérimentations successives, le critère exigé de renforcement; un comportement doit être exécuté un certain nombre de fois pour être suivi d'un renforçateur. Une fois le critère atteint de façon consistante, celui-ci voit son niveau augmenté. *L'effet de la contingence est mis en évidence si le comportement évolue étroitement comme le critère.*

Ce dessein expérimental convient particulièrement quand les comportements doivent être façonnés pour atteindre le résultat final.

Voici un exemple tiré de Hartman et Hall (1976) et qui porte sur le nombre d'exercices de mathématique correctement résolus par un garçon placé dans une classe spéciale pour enfants présentant des problèmes de comportement. Durant la ligne de base, le maître a demandé à l'enfant de résoudre 9 exercices. Il en a résolu 4, 2 puis 0. Durant les différentes phases du traitement, le maître a augmenté

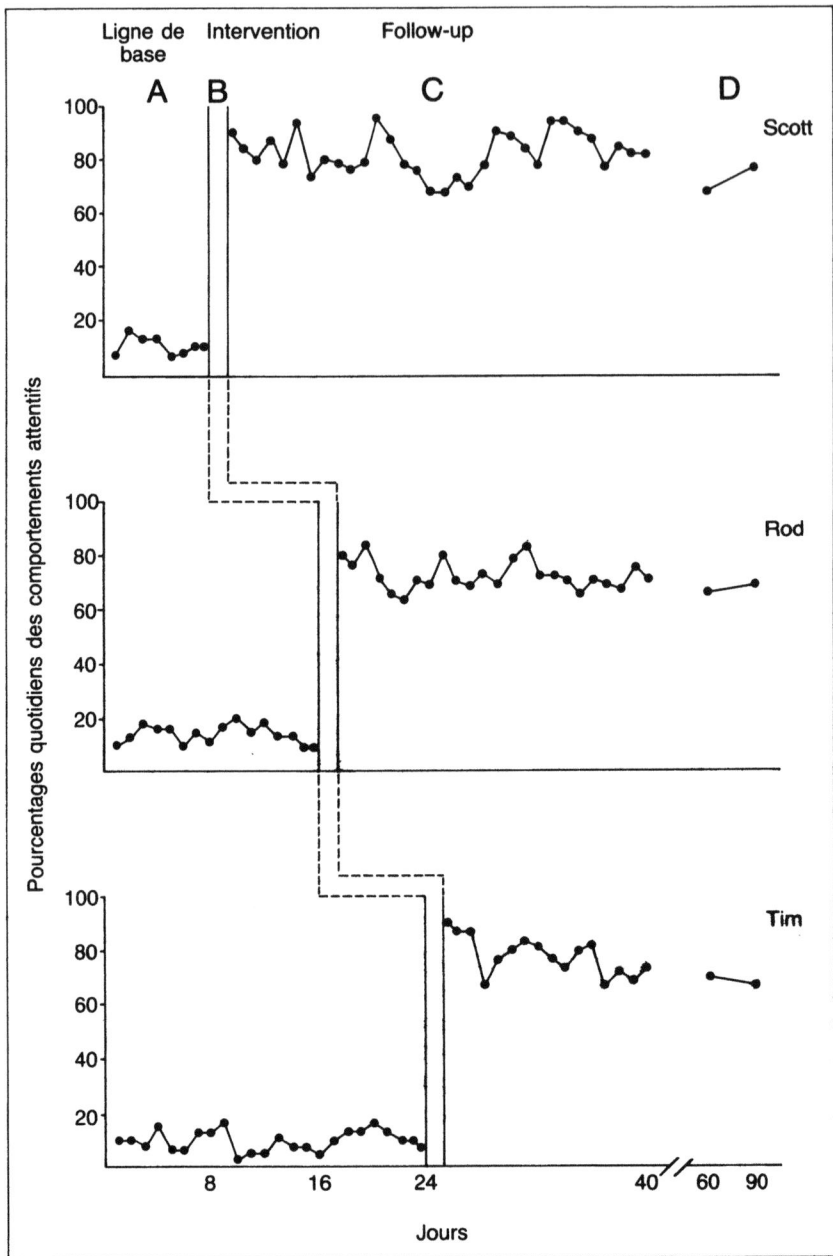

Fig. 13.5. Pourcentages quotidiens de comportements d'attention à la tâche de 3 élèves, Scott, Rod et Tim, durant les quatre conditions (Bornstein & Quevillon, 1976, in Ladouceur & Begin, 1980).

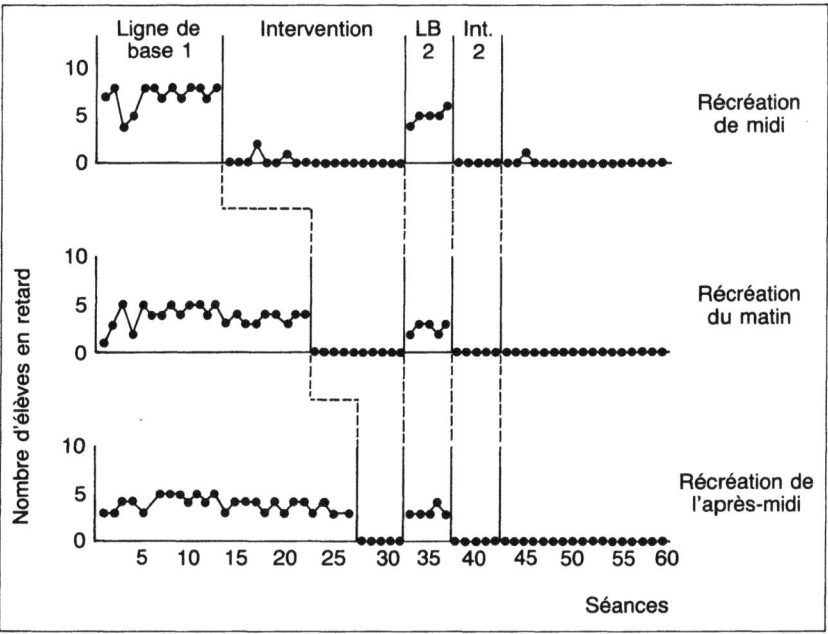

Fig. 13.6. Nombres d'élèves rentrant en retard après la récréation de midi, du matin et de l'après-midi. Rem.: cet exemple combine en fait deux stratégies de vérification de la causalité, le dessein à lignes bases multiples en fonction des situations/temps, et le dessein Reversal (modifié d'après Cristler, Cranston et Trucker, 1970).

progressivement ses exigences; le sujet devait résoudre 2 exercices correctement, puis 3, 4, 5, 6, 7, 8, 9, *8* et 10. S'il atteignait le critère fixé, il pouvait aller en récréation et jouer au basket. S'il ne résolvait pas le nombre d'exercices fixé pendant le temps requis, soit 45 minutes, le maître lui accordait un temps supplémentaire. Remarquez que durant l'avant-dernière phase, le nombre d'exercices exigé n'était plus que de 8; vous constaterez que le comportement du sujet suit exactement le critère retenu (Fig. 13.7).

Remarque: Outre ces trois desseins expérimentaux, on a également mis au point d'autres desseins d'un emploi plus difficile, comme le dessein avec alternance des traitements (voir en français, Ladouceur et Begin, 1980).

Remarquez que pour une même situation, plusieurs desseins expérimentaux peuvent souvent convenir. Vous choisirez donc en tenant compte des quelques critères ci-dessous.

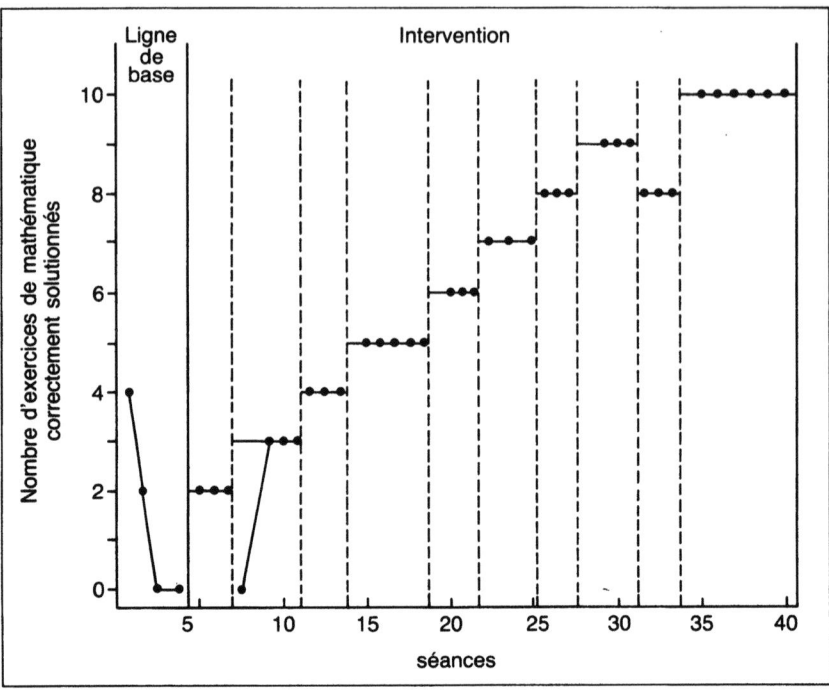

Fig. 13.7. Nombre d'exercices correctement solutionnés par un garçon présentant des troubles du comportement, durant la ligne de base et les différentes phases expérimentales (modifié d'après Hartman & Hall, 1976).

Quel dessein expérimental choisir?
- Vous choisirez le dessein «reversal» si:
  • vous avez la possibilité et le temps d'établir les lignes de base avant d'appliquer la procédure expérimentale et pendant le déroulement du programme;
  • le comportement est susceptible de retourner à son niveau de base;
  • le retour à la ligne de base est éthiquement acceptable.
- Vous choisirez le dessein «lignes de base multiples» si:
  • le dessein reversal n'est pas souhaitable;
  • les comportements risquent de ne pas revenir à leur niveau de base;
  • les comportements sont indépendants (entre eux, dans les diverses situations ou chez différents individus). Cette condition est essentielle à respecter, car s'il n'y a pas indépendance, les changements

apparaîtront avant l'introduction de la procédure expérimentale, et ce sous l'influence des progrès réalisés au niveau du premier comportement.

Vous utiliserez le dessein avec changement de critère si :
- vous visez l'apprentissage d'un nouveau comportement ;
- le comportement à acquérir évolue progressivement.

§ 4. *Dessein avec groupe de contrôle* (Control Group Design).

Dans ce dessein, un groupe de sujets est soumis à la procédure expérimentale, tandis qu'un autre groupe comparable ou *équivalent* n'est pas soumis à un renforcement contingent. Le premier groupe évolue dans le sens souhaité, tandis que le comportement du second, appelé groupe contrôle, reste identique.

Bien que largement utilisé dans la littérature psychopédagogique, *le dessein expérimental avec groupe contrôle n'est que relativement peu employé en éducation comportementale clinique* pour plusieurs raisons. D'une part, la difficulté à obtenir des groupes comparables, liée à l'impossibilité pratique d'opérer des répartitions des sujets au hasard ou de réaliser des équivalences suffisamment parfaites entre les sujets des différents groupes. D'autre part, en raison de l'insistance en conditionnement opérant sur l'évaluation permanente et non uniquement avant et après l'application du programme. Enfin, en raison de l'intérêt primordial porté au comportement des individus plutôt qu'au comportement moyen d'un groupe.

2. Critères déterminant l'efficacité d'un programme d'intervention

Y a-t-il des *critères statistiques* pour évaluer l'efficacité d'une intervention ? Lorsqu'on utilise un schéma expérimental avec groupe expérimental et groupe contrôle, on peut utiliser des tests statistiques afin de mettre en évidence des effets *statistiquement significatifs* (à p. 01 ou p. 05 ou p. 10).

Cependant comme les behavioristes utilisent le plus souvent des desseins expérimentaux où n = 1, ils ne se servent pas de ces outils statistiques et optent pour une *inspection visuelle* du graphique des résultats et une confrontation à des *critères extérieurs de validation personnelle et/ou sociale*. En d'autres mots, les progrès réalisés dans la condition expérimentale satisfont-ils l'individu lui-même et/ou son groupe social ? (Baer, Wolf et Risley, 1968 ; Baer, 1977 ; Kazdin, 1977).

Quelle est par ailleurs la *portée générale* que l'on peut attribuer aux résultats des travaux de modification du comportement? Afin d'évaluer dans quelle mesure un traitement particulier convient à un problème donné, les comportementalistes proposent de procéder à des *réplications* de ce traitement sur d'autres individus similaires. D'où, la nécessité d'une description très détaillée des procédures appliquées ainsi que des sujets traités. Si l'efficacité de la procédure se vérifie pour ces individus, on peut prétendre à une efficacité de la procédure, limitée toutefois aux individus présentant des *caractéristiques similaires*. En appliquant ce même traitement à des sujets présentant des caractéristiques différentes, on peut dans la suite vérifier la *portée plus générale* de ce traitement.

Chapitre 14
Comment faire le rapport d'une intervention comportementale ?

Les comportementalistes sont particulièrement concernés par la *communication précise de leurs résultats*, puisque toute leur démarche expérimentale s'appuie sur des faits observables adéquatement décrits et mesurables. Ils admettent également — et même souhaitent — qu'à un moment ou l'autre, on procède à l'analyse minutieuse des *bénéfices* retirés de l'application de leur programme en comparaison de son *coût* tant pour l'individu que pour le groupe social (cost/benefit analysis).

Deux cas peuvent se présenter. Le rapport peut d'abord être fait au *sujet* qui a fait l'objet de l'intervention, ou *aux personnes ou groupes qui ont sollicité cette intervention*. En second lieu, le rapport peut être destiné à un *public plus large*, et notamment à la *communauté scientifique*.

1. Rapport au sujet lui-même ou aux personnes ou groupes ayant sollicité l'intervention

Lorsque le rapport est fait au *sujet lui-même*, on sera particulièrement attentif à utiliser un *langage que celui-ci peut comprendre*. A cette fin, il peut être utile d'abord d'écouter le sujet parler de ses problèmes et du programme appliqué, afin de mieux apprécier son niveau de vocabulaire et en tenir compte dans nos explications. On se servira aussi de *graphiques*, qui fournissent souvent une information plus précise que les longs discours.

On appliquera les mêmes règles pour s'adresser aux personnes ou groupes ayant sollicité l'intervention, mais en respectant les *droits légitimes du sujet au respect de sa vie privée*. On y sera particulièrement attentif quand le sujet concerné n'est plus un jeune enfant et dispose d'une autonomie suffisante et que les personnes susceptibles de lire le rapport sont moins directement concernées.

2. Rapport adressé à un large public et en particulier à la communauté scientifique

Ce rapport doit fournir toutes les informations nécessaires pour permettre au lecteur de contrôler et d'interpréter correctement les résultats et de procéder à une expérience semblable aux fins de vérification. Il comprendra les éléments suivants :

1. Titre du travail : par exemple, effets du renforcement social sur le comportement d'attention d'un garçon handicapé mental de 9 ans, en enseignement spécial.

2. Résumé (abstract) reprenant en 10 lignes maximum et en texte suivi :
   - problèmes posés;
   - objectif du travail;
   - procédures d'observation et d'intervention;
   - résultats;
   - conclusions.

   N.B. Supprimer les mots inutiles qui n'apportent pas d'informations supplémentaires.

3. Introduction : quel est l'objectif du travail ?
   - Le problème est-il clairement présenté ?
   - Les recherches antérieures sont-elles brièvement présentées ? Leur signification pour le présent problème est-elle clarifiée ?
   - L'objectif du travail eu égard aux recherches antérieures, est-il clairement précisé ?

4. Méthode :
   - Le sujet :
     • les données d'identification du (des) sujet(s) sont-elles complètes : âge chronologique, sexe, niveau de développement, résultats aux tests, brève anamnèse, année d'étude;
     • les données d'identification de l'environnement sont-elles com-

plètes: institution ou établissement; classe ou groupe; environnement physique?
- Mesure de comportement:
  - définition scientifique du comportement mesuré;
  - procédure d'observation employée;
  - fidélité des observations.
- Procédures utilisées et leur justification en fonction de l'hypothèse fonctionnelle; succession des phases dans le temps (dessein expérimental).

5. Résultats:
   - Décrivez l'évolution du comportement durant la ligne de base, en vous référant à votre tableau ou à votre graphique et en faisant attention aux points suivants:
     - le niveau moyen/médian du comportement et sa variation entre les deux extrêmes;
     - la stabilité du comportement;
     - la longueur de la période de ligne de base.
   - Décrivez le comportement durant l'application des procédures expérimentales, en vous référant à votre graphique, et en tenant compte des points suivants:
     - le niveau moyen/médian du comportement et/ou sa variation entre des extrêmes;
     - l'évolution du comportement;
     - la durée de chaque période expérimentale.

6. Discussion des résultats obtenus et conclusions:
   - Avez-vous solutionné le problème posé au début? Dans quelle mesure l'hypothèse fonctionnelle est-elle vérifiée? Avez-vous rencontré des difficultés? Quelles hypothèses faites-vous en cas de problèmes?
   - Pouvez-vous en tirer une conclusion au niveau des principes comportementaux employés? Vos résultats confirment-ils ces principes?
   - Avez-vous discuté vos résultats en fonction des autres travaux présentés antérieurement?

Chapitre 15
A propos de quelques critiques adressées à l'éducation comportementale clinique

Arrivés à ce chapitre de l'ouvrage, vous avez déjà une idée précise et nuancée de la démarche éducative comportementale et de ses diverses étapes. Vous devez être également à même d'indiquer exactement la position comportementale face aux critiques qui lui sont habituellement faites. Néanmoins, pour vous aider, nous avons rassemblé ici les éléments les plus importants se rapportant aux quatre critiques que nous avons le plus fréquemment rencontrées.

1. **L'utilisation du renforçateur équivaut à un «marchandage» immoral : on «achète» le comportement de l'autre contre une «récompense», un renforçateur, et bien souvent un renforçateur extrinsèque à l'acte à apprendre**

« Le vice radical, pour ainsi dire, des techniques exposées plus haut (l'approche comportementale opérante), *nous semble être de remplacer ou l'intérêt intrinsèque de l'acte «bon» que l'on désire faire poser par un intérêt extrinsèque (la «récompense» qu'implique le renforcement positif), ou l'aversion à faire naître en ce qui concerne l'acte «mauvais» à éviter par une répugnance portant sur un élément étranger à l'acte lui-même, à savoir la «punition» qu'implique ce que l'on nomme «conséquence d'ordre aversif» et qui, en fait, n'est conséquence de l'acte que parce que le «thérapeute» en a décidé ainsi. Par exemple, ce n'est pas dans la valeur même de son travail (en qualité, voire en quantité)*

que le sujet trouvera sa satisfaction et son stimulant à bien agir — en étant stable et appliqué — mais dans des friandises ou cigarettes qui lui seront adjugées au fur et à mesure qu'il persévère avec constance. Inversement, ce n'est pas le désappointement d'avoir mal travaillé et produit une œuvre défectueuse qui l'incitera à éviter son «disruptive behavior» (comportement inconstant) mais le fait d'être plongé dans l'obscurité ou tansé par une sorte de klaxon au bruit pénible.

Nous n'hésitons pas à dire qu'il y a ici comme une perversion de l'acte, du moins au sens éthymologique du mot pervertir = détourner. L'acte est en effet détourné de sa fin propre au profit de fins extrinsèques et artificielles» (Bissonnier, 1978, p. 19).

Cette critique appelle deux types de remarques:

1. D'une part, la loi du renforcement s'applique à *tous* les comportements humains, y compris dans le milieu naturel (famille, école, etc.), et il n'est donc pas question de prétendre y échapper.

L'essentiel sur le plan éducatif sera donc de ne pas se limiter aux renforçateurs primaires, d'utiliser, dans la mesure du possible, les renforçateurs du milieu naturel ou en relation la plus directe possible avec l'acte posé, de faire passer le contrôle de l'éducateur chez le sujet et d'envisager aussi rapidement que possible, mais avec un souci d'efficacité, les renforçateurs intrinsèques. L'erreur consiste à croire que les comportementalistes se limitent aux renforçateurs extrinsèques alors que, dans de nombreux programmes, ceux-ci ne sont utilisés qu'en début d'apprentissage ou de façon intermittente, en complément d'autres renforçateurs.

2. Il est vrai que, par ailleurs, le danger existe, principalement en cas de mauvaise application des principes comportementaux, d'apprendre au sujet comment *«manipuler»* le comportement d'autrui à des fins peu «recommandables». Le sujet apprend à ne se comporter «convenablement» que si on lui donne des renforçateurs, et il manipule les personnes de son milieu de façon à obtenir ces renforçateurs.

Exemple: Un enfant a des crises de colère que les parents essayent de contrôler de diverses manières. Comme aucune tactique ne réussit, ceux-ci peuvent être tentés de proposer un renforçateur à l'enfant, «s'il est sage». L'enfant peut ainsi apprendre: «Je ne serai pas sage tant que je n'aurai pas reçu une récompense». Quand l'enfant arrête ses crises, il reçoit un renforçateur; les parents croient ainsi que les comportements colériques de l'enfant vont diminuer, mais en fait, souvent il n'en est rien et le comportement colérique devient un stimulus discriminatif pour le renforçateur.

Ce qui se passe dans ce cas peut être résumé comme suit: l'enfant trouve l'adulte dans une position «délicate»; d'où, il commence à mal se comporter. L'adulte, qui ne peut supporter le comportement de l'enfant, marchande alors avec l'enfant pour qu'il arrête de mal se comporter et ce, contre l'échange d'une récompense («Si tu arrêtes de faire du bruit, tu auras de la glace»). L'enfant commence à mieux se conduire; il reçoit donc sa «récompense». En d'autres mots, l'enfant apprend un comportement qui peut être formulé comme suit: «Si je veux avoir ce que je souhaite, je dois d'abord mal me conduire!». Ce n'est pas du tout notre objectif!

2. L'utilisation des procédures de renforcement risque de créer une dépendance permanente de l'individu vis-à-vis des renforçateurs, et notamment des renforçateurs extrinsèques

Il est vrai que pour être appris et se maintenir, le comportement doit être renforcé d'une façon ou d'une autre. Un comportement non renforcé n'est pas acquis ou finit par disparaître; c'est une loi de l'apprentissage. Hélas! Mais l'utilisation correcte des renforçateurs ne vise aucunement à entretenir une dépendance constante vis-à-vis des renforçateurs, et en particulier des renforçateurs extrinsèques. En d'autres mots, l'apprentissage d'un comportement, son maintien et son transfert doivent se faire selon certaines règles présentées dans ce manuel. On tiendra compte en particulier des deux points suivants:

- Le *type de renforçateurs* peut et *doit changer*: on passe des renforçateurs primaires aux renforçateurs sociaux et personnels («sentiment du travail accompli», etc...), de l'hétérorenforcement à l'autorenforcement. Les renforçateurs primaires sont habituellement distribués lors des premières phases de l'application des programmes en vue de provoquer des changements assez rapides.
- La *fréquence* de dispensation des renforçateurs est progressivement diminuée; le comportement une fois acquis ne doit plus être renforcé à chaque fois mais uniquement de temps à autre, de façon irrégulière et non prévisible.

3. L'éducation comportementale ne change pas l'individu «fondamentalement», «en profondeur»

L'éducation comportementale modifie le comportement du sujet mais change-t-elle sa «personnalité profonde»? Par exemple, renforcer un enfant chaque fois qu'il approche un adulte va-t-il changer ses sentiments et ses attitudes vis-à-vis de cet adulte et des adultes en général ?

La question est d'abord de savoir si ces « changements de personnalité » ne peuvent pas *suivre* les changements comportementaux plutôt que les précéder. On ne peut répondre a priori : « non » (ni « oui » ; c'est une question à soumettre à la vérification expérimentale).

Ensuite, il faut faire remarquer que les changements du comportement du sujet peuvent amener des *changements chez son éducateur*, qui à leur tour influencent le comportement du sujet, et sa « personnalité ».

On invoque également souvent le phénomène de la *substitution des symptômes* : le comportementaliste change un comportement, c'est-à-dire un symptôme, et si on n'atteint pas la « cause profonde », on constate une substitution de symptômes. *Par définition*, parler de substitution de symptômes n'a pas de sens dans une optique comportementale, mais on peut parfois penser que quelque chose de similaire se produit ; par exemple, quand un comportement supprimé dans un milieu apparaît dans un autre milieu, ou encore quand en cas de disparition d'un trouble, d'autres troubles apparaissent. Ces faits indiquent tout simplement non qu'il y a substitution de symptôme, mais qu'il faut organiser le transfert des comportements acquis, qu'il faut éviter une suppression trop rapide des renforçateurs et qu'enfin, il faut veiller à ne pas supprimer un comportement inadapté sans faire apprendre en même temps un comportement alternatif positif.

D'autre part, il faut bien réaliser que *l'approche comportementale ne nie pas l'existence de « causes » à un comportement donné*. Bien au contraire. La différence entre l'approche comportementale et les autres modèles est que celle-là ne cherche pas ses causes à l'intérieur de l'individu, mais dans ses relations avec l'environnement, sous la forme des stimuli antécédents et des stimuli conséquents. Ce qui est donc en cause dans beaucoup de programmes d'éducation comportementale ne débouchant pas sur des changements durables, c'est la qualité de l'analyse fonctionnelle, ... en même temps d'ailleurs que notre incapacité à transformer tous les milieux de vie d'un individu.

Remarque : Si certains spécialistes du comportement refusent d'envisager autre chose que le comportement observable, d'autres par contre abordent aussi des comportements appréhendables uniquement par le sujet lui-même, ainsi d'ailleurs que des changements de « personnalité » (définis souvent comme des changements de structures comportementales).

4. Le recours à des procédures systématiques d'intervention et à une évaluation constante conduit à une approche éducative mécanique, froide et déshumanisante, dépourvue de cette chaleur et compréhension affectives qui doivent marquer tout effort d'éducation

Il est erroné d'associer systématiquement «éducation comportementale» et «froideur, manque de chaleur, d'humanité». On insiste en effet, beaucoup sur l'emploi de *renforçateurs sociaux chaleureux* (félicitations, sourires, etc.), *distribués avec enthousiasme* (mais aussi avec cohérence, c'est-à-dire en respectant certaines règles). Notons au passage que dans la pratique quotidienne, beaucoup de maîtres, de parents, d'éducateurs n'utilisent les félicitations, etc. qu'avec la plus grande parcimonie, pour ne pas dire la plus grande avarice!

D'autre part, le recours à des moyens techniques particuliers (on parle parfois de «milieu de prothèse» pour désigner l'ensemble des modifications introduites dans l'environnement physique en vue de susciter l'apparition de comportements adaptés) permet dans certains cas de *libérer l'éducateur de tâches astreignantes* et de *passer plus de temps à des interactions individuelles avec le sujet*, et aussi d'*accroître le contrôle de l'individu lui-même sur son milieu* (par exemple, permettre par des procédés techniques astucieux qu'un enfant rivé à son lit puisse allumer ou éteindre la lumière quand il le désire).

Enfin, si elle est correctement appliquée, l'approche comportementale est une *approche clinique*, centrée sur le patient et taillée à sa mesure. Elle ne se résume donc pas à une application stéréotypée de procédures et de techniques.

Afin d'illustrer quelque peu notre propos, nous reprenons ci-dessous un texte de Gardner (1975) qui décrit les activités quotidiennes d'un maître qui a bien intégré les principes comportementaux et qui en même temps se comporte de manière épanouissante avec ses élèves.

152   MANUEL D'EDUCATION COMPORTEMENTALE CLINIQUE

Le maître est debout devant une table semi-circulaire autour de laquelle six enfants sont assis. Les enfants travaillent individuellement à résoudre des exercices perceptivo-moteurs que le maître leur a remis quelques minutes plus tôt.

Ce qui se passe en classe	Analyse de cette séquence en référence aux principes comportementaux
Susan éternue bruyamment. Ses camarades lèvent la tête. Un garçon pousse un petit rire bref.	Susan est une enfant timide, très anxieuse, qui est fort embarrassée lorsqu'elle attire l'attention de ses camarades sur elle.
Le maître va vers elle et lui dit doucement: « A tes souhaits », sourit chaleureusement et la touche gentiment à l'épaule.	Le maître a établi une bonne relation avec l'enfant; il saisit cette occasion pour lui montrer que son comportement est parfaitement acceptable. En lui présentant un modèle social accueillant, il espère que l'enfant se détendra de telle façon que son anxiété diminue.
En retour, Susan sourit et continue son travail.	L'enfant imite le comportement du maître. La réaction d'anxiété associée à l'émission du comportement qui attire l'attention sera moins intense à l'avenir.

* *
*

Jonathan ayant vu ce qui venait de se passer, fait semblant d'éternuer, regarde le maître, voulant capter son attention.	
Le maître ignore le comportement de Jonathan en regardant ailleurs.	Le maître sait que pour Jonathan, l'attention est un renforçateur puissant. Il ne veut pas renforcer cette façon gênante de rechercher l'attention.
Jonathan fait semblant d'éternuer deux fois de suite.	
Le maître continue à ignorer ces comportements.	Le maître veille attentivement à ne pas prêter attention à Jonathan, même en lui manifestant sa désapprobation car celle-ci serait pour lui un renforçateur.

CRITIQUES 153

Il sait que l'attention renforcerait le comportement dérangeant et augmenterait sa persistance.
S'il prête attention à lui après le 3ᵉ éternuement, il sait qu'ainsi il apprendra à Jonathan à mal se comporter et que ce comportement est payant.

Le maître désire augmenter la persévérance de Jonathan au travail. Celui-ci reçoit l'attention qu'il recherche, mais seulement après un comportement adapté. Il est probable que maintenant il aimera d'autant plus son travail à sa table et qu'il s'y tiendra plus longtemps.

* *
*

Kathy est une enfant impatiente qui exige une attention immédiate. Le maître la fait attendre de plus en plus longtemps avant de satisfaire ses exigences, et la renforce progressivement en ce sens. En lui répondant lorsqu'elle s'impatiente, le maître la calme avec un sourire et lui réaffirme qu'il sera bientôt à sa disposition.

Le maître se rend compte que Kathy pourrait être trop perturbée s'il attendait plus longtemps avant de s'en occuper.

Le maître renforce Kathy pour avoir attendu. Remarquez qu'il a nommé le comportement qui lui a plu. Cela permet à Kathy de reconnaître le lien entre le comportement et la conséquence.

Jonathan revient à son travail.

Jonathan est au travail depuis une minute environ; le maître s'approche de lui par derrière, lui parle de son travail et le félicite de s'y concentrer.

Tandis que le maître s'occupe de Jonathan, Kathy lève les yeux et dit: «Je ne sais pas faire ça».

Le maître répond: «Attends une minute et je viens voir». Après 15-20 secondes, remarquant que Kathy devient impatiente, le maître lui sourit, lui fait un clin d'œil et un signe de tête.

Comme elle commence à nouveau à s'impatienter, le maître se dirige vers Kathy.

Le maître va vers Kathy, lui sourit et dit: «Merci d'avoir attendu jusqu'à ce que j'aie fini avec Jonathan. Voyons maintenant ce que tu as fait». Il remarque que Kathy a fait des fautes. Elle n'a pas suivi les instructions données précédemment. Le maître lui conseille: «recommence ton travail. D'où faut-il partir?»

Kathy indique le point de départ sur la page. « Bien ».	
« Maintenant, dis-moi ce que tu dois faire ensuite ».	La réponse correcte est immédiatement renforcée.
Kathy répond: « Dessiner de cet endroit vert jusqu'à cet endroit rouge ».	Au lieu de lui montrer ce qu'elle doit faire, le maître essaye que Kathy le signale elle-même en décrivant verbalement son activité.
« Bien! Tu te souviens bien. Je suis fier de toi ».	L'enfant est renforcée pour avoir solutionné le problème. Notez que le maître a nommé le comportement tout en renforçant l'enfant. Kathy associera le fait de se souvenir des consignes avec des conséquences agréables.
« Maintenant, montre-moi comment tu fais cela et dis-moi ce que tu es en train de faire ».	Le maître veut associer les consignes verbales au comportement moteur.
Kathy tire une ligne du cercle vert jusqu'au cercle rouge en bas, en disant: « Je tire une ligne de la lumière verte à la lumière rouge ».	
« Parfait, c'est juste! Que dois-tu faire avec les autres? »	Kathy est renforcée pour ses comportements verbal et moteur. Le maître veut maintenant savoir si Kathy peut exécuter une nouvelle tâche sans « coup de pouce » supplémentaire.
Kathy termine un autre exercice sans aide.	
« Bien. Maintenant, tu termines les autres » dit le maître en partant.	Le maître voit maintenant que Kathy peut exécuter son travail sans aide supplémentaire. Il augmente l'indépendance de l'enfant et son sentiment de réussite en ne la quittant pas avant qu'elle ne réussisse. L'enfant continue d'elle-même.

Chapitre 16
Approche comportementale des handicaps et des inadaptations

1. Le comportementaliste et les autres modèles explicatifs et d'intervention

A la lecture de ce qui précède, vous vous êtes rendu compte que le modèle explicatif et d'intervention utilisé par le comportementaliste est différent de celui dont se servent d'autres intervenants, qui se réfèrent au *modèle médical* et au *modèle quasi médical*. Nous envisagerons à présent plus en détail ces modèles, non pas avec l'intention de prétendre que le modèle comportemental est supérieur aux autres modèles, mais pour situer sa spécificité et ainsi permettre de dégager à l'avenir des complémentarités possibles. Ceci est d'autant plus important que dans les pays d'expression française tout au moins, le modèle comportemental est largement méconnu et sous-employé, et que d'autre part et surtout, il serait essentiel qu'au sein d'équipes multidisciplinaires, un effort soit entrepris, non pour «mélanger» les modèles, mais pour déterminer leurs apports et leurs limites respectifs, et ainsi dégager les complémentarités pour le plus grand bénéfice des personnes prises en charge.

Dans le *modèle médical*, on attribue les manifestations pathologiques, appelées symptômes (température, douleurs, etc.) à des troubles internes (lésions, traumatismes, troubles hormonaux, troubles du métabolisme, etc.). Si ce modèle a donné d'excellents résultats dans le domaine de la maladie physique, son utilisation en psychologie et en éducation pose quelques problèmes : la correspondance entre les « symptômes comportementaux » et les « troubles internes » n'est pas toujours évidente ; elle est même bien difficile à démontrer de façon irréfutable dans de nombreux cas individuels. Aussi, s'y réfère-t-on souvent abusivement. C'est par exemple le cas dans le domaine de l'arriération mentale, quand on veut lier trop étroitement l'étiologie et les troubles comportementaux particuliers.

Forts apparentés au modèle médical — c'est pourquoi nous parlons de « modèle quasi médical » — les modèles psycho-dynamiques et des traits ou facultés font également référence aux facteurs internes. Le *modèle psycho-dynamique* considère que les forces internes, inconscientes pour la plupart et liées à la petite enfance, constituent le moteur du comportement : il invoque ainsi l'action de l'angoisse, du désir, des complexes, du refoulement, etc. pour expliquer les problèmes présentés par un individu donné.

Quant à la *psychologie des traits de personnalité ou des facultés*, elle fait appel à l'existence de traits particuliers comme la dominance ou la soumission, l'introversion ou l'extraversion, ou de facultés déficientes (l'intelligence, la mémoire, l'attention, etc.) pour expliquer les comportements des sujets. Ainsi, on dira d'un enfant qu'il frappe les autres *parce qu*'il a une forte agressivité, ou qu'il échoue en classe *parce qu*'il a une mémoire défaillante.

A cet égard, la position comportementale est claire ; elle se résume à *l'antimentalisme*. Elle ne nie pas bien sûr l'existence de facteurs dits internes, comme les images, les processus mentaux, les événements inconscients, mais se refuse à expliquer le comportement observable en référence à des phénomènes mentaux ou à un « homme interne » : attribuer un comportement à un sentiment par exemple (il attaque les autres *parce qu'il est frustré*) ne peut se révéler une explication finale que si ce sentiment lui-même est expliqué à son tour, ou à tout le moins sont élucidées les conditions actuelles qui sont responsables de son maintien. Les « événements intérieurs » ne sont donc pas niés mais seulement considérés sur le même modèle que les comportements observables, la différence essentielle entre les deux portant sur la difficulté plus ou moins grande d'accès à ces événements.

De même, la position du comportementaliste à propos des *substrats bio-physiologiques* et notamment de l'influence du système nerveux central sur le comportement, ne consiste pas en une négation de cette dimension. L'étude des faits neurologiques et bio-physiologiques est essentielle, mais elle ne peut prétendre expliquer, sous peine de réductionnisme simpliste, le comportement actuel d'un sujet.

Cette position ne signifie bien sûr pas que le comportementaliste ne cherche pas à identifier les causes d'un comportement. Tout comme les autres modèles, il est à la recherche des causes. Mais alors que ces modèles les cherchent dans des événements internes, le comportementaliste essaye de les trouver dans l'environnement. C'est la raison pour laquelle il attache une grande importance à l'analyse fonctionnelle.

En conséquence, *les pratiques sur le plan de l'évaluation et du diagnostic d'une part et du traitement ou de l'intervention d'autre part diffèrent selon les modèles.* Alors que le comportementaliste se concentre sur l'observation du comportement actuel du sujet et de ses relations avec les stimuli antécédents et stimuli conséquents, les modèles médical et quasi-médical s'efforcent d'identifier les *facteurs internes* supposés rendre compte des problèmes d'adaptation actuelle. Cette évaluation se fait le plus souvent dans des conditions standardisées, en dehors du milieu naturel de l'individu (salle d'examen, bureau du psychologue, etc.) et à l'aide d'outils relativement sophistiqués; ce sont sur le plan psychologique, les tests projectifs susceptibles de mettre en évidence les conflits inconscients ou les structures de personnalité, les tests d'intelligence et autres questionnaires d'intérêt, de personnalité, destinés à «mesurer» les capacités, les intérêts ou les traits de personnalité.

Une telle stratégie s'efforce également d'identifier avec une précision maximale l'*entité nosologique*, le trouble spécifique dont est atteint le sujet et à l'*étiqueter*, partant de l'idée que cette identification détermine les modalités du traitement.

Disons dès à présent que l'éducateur comportementaliste prend nettement ses distances, non pas tellement vis-à-vis des classifications en tant que telles, mais bien plutôt vis-à-vis de leur usage. D'abord, en s'interrogeant sur le lien entre l'entité nosologique et le traitement, mais surtout en s'opposant à la pratique d'étiquetage de l'individu et à la stigmatisation qui en découle habituellement. La position comportementale se focalise en effet sur le comportement de la personne, et non sur la personne elle-même. Dès lors, quand elle parle d'arriération mentale, d'agressivité, d'autisme, elle vise non la personne mais le comportement. Au sens strict, elle parle donc d'une personne qui présente un comportement retardé, un comportement agressif, un comportement autistique, plutôt que d'une personne arriérée mentale, agressive ou autiste. On pourra consulter Gardner (1979) pour une classification des comportements exceptionnels.

Les pratiques d'évaluation du comportementaliste s'appuient donc avant tout sur une description et une analyse minutieuses du *compor-*

tement actuel du sujet dans son milieu naturel actuel (sa famille, sa classe, etc.). Le comportementaliste précisera le plus exactement possible le problème comportemental posé, les événements qui précèdent et ceux qui suivent l'émission de ces comportements. Cette évaluation nécessite donc une observation minutieuse du comportement du sujet et de son environnement, en ramenant l'emploi des tests à un minimum. Comparativement aux autres approches, la perspective comportementale porte un intérêt moindre au passé, encore qu'elle s'efforcera d'y déceler les contingences qui peuvent avoir modelé le comportement jusque dans sa forme actuelle.

Quant au programme de *traitement comportemental* — certains préfèreront utiliser le terme général d'intervention, pour se différencier du modèle médical — il concerne les *modifications* à apporter dans le milieu naturel actuel en y impliquant largement, autant que possible, les éducateurs naturels du sujet et les principales personnes directement concernées. L'essentiel du traitement peut donc être accompli par ces personnes, sous la supervision d'un spécialiste en éducation comportementale clinique, au besoin. Ces modifications ont comme but de changer les aspects précis du comportement observable.

Par contre, dans les modèles médical et quasi-médical, il faut bien constater que la connaissance du trouble ne débouche pas directement sur une intervention *très spécifique*. C'est du moins le cas dans les sciences psychopédagogiques : on conseillera une psychothérapie, en en précisant parfois la forme ou les modalités (par le jeu, psychodrame, thérapie analytique freudienne, etc.); on conseillera un placement dans telle ou telle structure d'accueil (l'enseignement spécial, un atelier protégé, etc.); on envisagera parfois une guidance appropriée des parents de l'enfant, assortie de conseils éducatifs, sans cependant proposer une démarche très précise.

De plus une telle perspective s'accompagne souvent d'un certain *pessimisme* — encore qu'il y a à ce point de vue de très grandes différences individuelles ! Ce pessimisme tient à la dimension «intérieure» du trouble de base, souvent considéré comme «fixé» dans les fondements organiques ou ancré dans la personnalité du sujet et lié étroitement à un passé familial lointain, difficilement accessible et modifiable.

Une telle perspective implique également le recours à une «hyperspécialisation» du *personnel*. Non seulement, il doit être spécialisé dans l'application de techniques d'évaluation, passablement compliquées (souvent d'ailleurs réservées, en ce qui concerne les outils d'évaluation psychologique, aux seuls psychologues, et parfois même aux seuls diplômés universitaires), et dans l'utilisation et la manipulation d'un bagage théorique important. D'autre part, le sujet à traiter sera fréquemment retiré de son milieu naturel, pour être soigné dans des conditions supposées « optimales » (cliniques, hôpitaux, instituts spécialisés, écoles spéciales), et les efforts pour modifier directement le milieu naturel passeront habituellement au second plan.

2. Comment les comportementalistes expliquent-ils le comportement retardé et le comportement agressif?

Afin d'illustrer la position comportementale, nous envisagerons ci-après la façon dont les comportementalistes expliquent les comportements retardés et les comportements agressifs.

§ 1. *Les comportements dits retardés*

Cette approche des comportements retardés a été conceptualisée par Bijou (1966). L'individu présentant un comportement retardé (et non l'individu arriéré mental) est celui « qui présente un répertoire limité de comportements, élaboré par les événements qui constituent son histoire » (Bijou, 1966, p. 2). En effet, le développement psychologique d'un individu recouvre les changements progressifs de cet individu, suite à son interaction avec l'environnement. Il est normal lorsque le type et la nature de l'interaction individu-milieu conduit à des comportements « acceptables » (pas dans un sens moral bien entendu!). Il est retardé lorsque le type et la nature de l'interaction individu-milieu conduit à la construction d'un répertoire limité de comportements efficaces et/ou acceptables.

En référence au paradigme comportemental, S-R-S, le retard comportemental peut être dû à 3 facteurs: des déficits au niveau de la réponse, des problèmes au niveau du stimulus conséquent et des déficits au niveau du stimulus antécédent.

1. *Déficits de la réponse: le sujet est incapable de réagir au stimulus d'une manière qui conduit au renforcement.* Conséquemment, il aura un niveau d'activités bas. Cela ne signifie pas qu'il va nécessairement cesser toute activité, mais qu'il se limitera par exemple à des activités d'autostimulation (se balancer, se masturber) ou qu'il manifestera des comportements qui forceront l'entourage à s'occuper de lui (se frapper, etc.).

Ce déficit au niveau de la réponse peut être dû à:
- un traumatisme à la naissance ou plus tard, qui limite ou rend

impossible l'émission de réponses conduisant au renforcement;
- à l'absence d'occasion de développer des réponses à un rythme raisonnable, suivies de renforçateurs adéquats de toutes les approximations successives (par exemple, due à une maladie ou à un milieu défavorisé).

2. *Absence de renforçateurs ou renforçateurs mal utilisés*: les problèmes ici se situent au niveau du processus de renforcement:
- renforçateur absent: enfant peu attirant sur le plan physique et avec lequel les adultes évitent d'interagir; enfant laissé à lui-même sans stimulation et donc aussi sans aucune possibilité de recevoir des renforçateurs (enfant laissé au lit, sans jeu; enfant d'institution dont on n'a pas le temps de s'occuper ou qu'on ne renforce pas);
- renforçateurs utilisés adéquatement au début mais supprimés trop vite: dans le cas par exemple de parents qui retourneraient trop vite au travail après la naissance de leur enfant;
- renforçateurs fréquents mais distribués de façon non contingente: c'est par exemple le cas avec des enfants malades dont la famille renforce indistinctement tous les comportements. D'où les comportements ne s'organisent pas et ne se structurent pas;
- renforçateurs contingents à des comportements «négatifs», «retardés»: ne s'occuper d'un enfant que lorsqu'il crie ou se frappe;
- renforçateurs contingents mais distribués avec retard par rapport à la réponse;
- utilisation excessive de la punition: l'enfant aura ainsi tendance à quitter le milieu aversif.

3. *Déficits du stimulus*: absence de stimuli discriminatifs, c'est-à-dire provoquant des types spécifiques de réponses qui seront ensuite renforcées. L'enfant réagira donc de manière désordonnée non prévisible, ou encore de manière identique même si les conditions de milieu changent.

Cette absence de stimuli discriminatifs peut être due à:
- une non-exposition à ces stimuli (enfants aveugles, séjournant de façon prolongée au lit);
- un pairage non consistant des stimuli avec les renforçateurs.

§ 2. *Les comportements dits agressifs*

La différence la plus importante entre l'enfant agressif et les autres est que celui-là présente un certain nombre de comportements interpersonnels caractéristiques, comme frapper les autres, leur donner des coups de pied, avec une *fréquence plus grande et une intensité supérieure, dans des situations inappropriées.*

Ces comportements agressifs sont appris parce qu'ils sont suivis de conséquences qui les renforcent positivement ou qu'ils font l'objet d'un processus de renforcement négatif :
- ils permettent d'obtenir des conséquences positives : avoir le jouet de son frère, obtenir l'attention de l'adulte, déclencher les pleurs d'un autre enfant, etc. ;
- ils permettent de mettre fin à des situations difficilement supportables par l'individu (comme les réprimandes ou les rires sarcastiques). C'est le processus de renforcement négatif.

Certes, dans ces deux cas, des conséquences ne sont pas données à chaque apparition du comportement agressif. Parfois les parents ou les éducateurs tiennent bon, mais il suffit d'un simple renforcement intermittent pour maintenir de tels comportements agressifs.

Dans l'apprentissage de ces comportements agressifs, il faut également insister sur le rôle important de l'imitation.

Chapitre 17
L'approche comportementale appliquée à des groupes

L'économie de jetons et le système personnalisé de formation de Keller

Nous envisagerons ci-après deux applications particulières des principes de l'éducation comportementale clinique, bien adaptées à la prise en charge des sujets d'un groupe. La première, appelée économie de jetons (Token economy), a été utilisée dans les milieux thérapeutiques et rééducatifs depuis de longues années et a été présentée en détail par Ayllon et Azrin en 1968. La seconde concerne la formation des étudiants de l'enseignement supérieur — l'approche comportementale n'est donc pas réservée aux seuls handicapés et inadaptés ! — et est connue sous le nom de P.S.I. (Personnalized System of Instruction de Keller) ou Système Personnalisé de Formation.

1. L'économie de jetons

§ 1. Définition de l'économie de jetons

L'économie de jetons (token economy) consiste en un *système motivationnel* dans lequel le sujet reçoit, en échange de l'émission de certains comportements préalablement définis, un nombre déterminé de jetons lui aussi préalablement fixé. Ces jetons peuvent ensuite être échangés pour obtenir des renforçateurs d'échange ou d'appui (back-up reinforcers), selon des règles d'échange elles aussi préalablement mises au point.

L'économie de jetons a été utilisée dès 1962 par Staats, Staats, Schultz et Wolf pour apprendre certains comportements de lecture à des enfants. La première présentation complète en a été faite par Ayllon et Azrin en 1965 et ils l'ont appliquée de façon très systématique dans un hôpital psychiatrique (Ayllon et Azrin, 1968).

A titre d'exemple, voici une étude importante faite par Phillips, dans le cadre du programme «Achievement Place». Trois garçons de 12, 13 et 14 ans, issus de familles très modestes et considérés comme prédélinquants, placés dans une institution résidentielle de type familial, pouvaient obtenir des points en échange de certains comportements souhaitables, dans les domaines de l'adaptation sociale et scolaire et de l'autonomie, comme regarder la TV ou lire le journal, nettoyer sa chambre, etc. Par contre, ils perdaient des points s'ils présentaient certains comportements indésirables (tableau 17.1.). Ces points pouvaient ensuite être échangés une fois par semaine contre des renforçateurs naturels, selon un tarif mis soigneusement au point (tableau 17.2.).

Tableau 17.1.: Liste des comportements et nombre de points pouvant être gagnés ou perdus pour chacun d'eux

Comportements permettant de gagner des points	Points
1. Suivre les nouvelles à la TV ou lire le journal	300 par jour
2. Nettoyer et tenir sa chambre en ordre	500 par jour
3. Garder une apparence propre et nette	500 par jour
4. Lire un livre	5 à 10 par page
5. Aider ses parents à différentes tâches ménagères	20 à 1.000 par tâche
6. Faire la vaisselle	500 à 1.000 par repas
7. Etre bien habillé pour un repas du soir	100 à 500 par repas
8. Faire ses devoirs	500 par jour
9. Obtenir des notes valables dans son bulletin scolaire	500 à 1.000 par note
10. Eteindre les lampes dont on ne se sert pas	25 par lampe
Comportements qui font perdre des points	Points
1. Perdre des points sur son bulletin	500 à 1.000 par note
2. Parler avec agressivité	20 à 50 par réponse
3. Oublier de se laver les mains avant les repas	100 à 300 par repas
4. Se disputer	300 par réponse
5. Désobéir	100 à 1.000 par réponse
6. Etre en retard	10 par minute
7. Avoir de vilaines manières	50 à 100 par réponse
8. Se mettre dans une mauvaise situation	50 à 100 par réponse
9. Utiliser un langage fautif	20 à 50 par réponse
10. Voler, mentir et tricher	10.000 par réponse

(Phillips, E.L., 1968)

Tableau 17.2. : Renforçateurs d'échange pouvant être obtenus chaque semaine en échange des points

Privilèges pour la semaine	Prix en points
Argent de poche	1.000
Bicyclette	1.000
Télévision	1.000
Jeux	500
Outils	500
Casse-croûte	1.000
Permission d'aller en ville	1.000
Permission d'aller dormir plus tard	1.000
Permission de rentrer à la maison longtemps après l'école	1.000

(Phillips, E.L., 1968)

Les résultats obtenus furent excellents pour les cinq objectifs visés, à savoir : utiliser moins d'expressions agressives, entretenir la salle de bain, ponctualité, travail scolaire effectué à domicile et expression orale grammaticalement correcte. Voici les résultats et le programme détaillé relatifs à l'emploi d'un langage agressif (Fig. 17.1). Les phases du traitement étaient les suivantes :

- correction : avertissement par les éducateurs que le sujet emploie des expressions agressives. « On ne parle pas comme cela », « Arrête de parler ainsi » ;
- amendes : 20 points pour chaque expression agressive ;
- suppression des amendes ;
- amendes : 50 points pour chaque expression agressive.

N.B. Les flèches de la fig. 17.1. indiquent des menaces utilisées par les éducateurs, mais sans qu'elles soient mises à exécution : « Si vous continuez à parler ainsi, je devrai à nouveau vous enlever des points ».

§ 2. *A quelles conditions utiliser l'économie de jetons?*

L'emploi de l'économie de jetons nous paraît devoir être soumis aux conditions très importantes suivantes. Etant donné en effet que l'économie de jetons introduit une modification radicale du milieu naturel, dans la mesure où elle concerne tout un groupe de personnes et toute une collectivité, elle ne peut être utilisée que *si d'autres procédures moins « contraignantes » ont déjà été utilisées, sans résultat adéquat*. Il s'agit donc d'une procédure à laquelle il ne faut recourir qu'en dernier ressort.

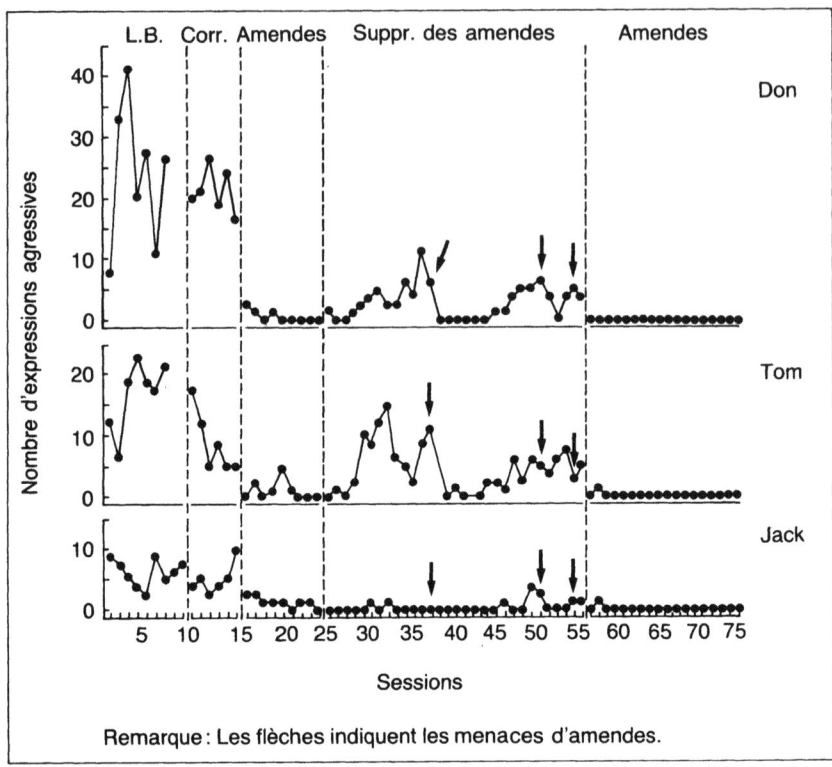

Fig. 17.1. Nombre de déclarations agressives par périodes de 3 heures pour chaque garçon et pour chacune des conditions (Phillips, 1968).

De plus, et pour la même raison, l'emploi de l'économie de jetons nécessitera l'*accord* des responsables et des sujets concernés.

Par ailleurs, il faudra envisager dès le départ dans quelles conditions se fera la *cessation de l'économie de jetons en tant que telle*, c'est-à-dire comment s'opèrera le passage aux contingences naturelles de renforcement. Ce qui bien sûr ne signifiera pas le retour aux conditions de renforcement antérieures qui étant peu efficaces ont nécessité la mise au point du programme d'économie de jetons!

Enfin, il doit être clair dès le départ que certaines activités ou biens *fondamentaux* ne peuvent être utilisés dans ce système d'échange. Ce sont des privilèges acquis dès le départ à toute personne humaine et qui ne peuvent en aucun cas lui être contestés. Par exemple, la possibilité de bénéficier d'une nourriture abondante et variée, de disposer de conditions normales de repos, etc.

§ 3. *Comment appliquer l'économie de jetons?*

Pour qu'une économie de jetons soit une réussite, il faut respecter les conditions suivantes:

- S'assurer que les jetons sont des *renforçateurs généralisés*. Pour certains sujets, il suffira de leur expliquer que les jetons donnent droit à des renforçateurs d'échange. Pour d'autres, généralement les plus handicapés, il suffira de pratiquer plusieurs fois un échange immédiat des jetons pour que ceux-ci acquièrent valeur de renforçateurs généralisés.

- Dispenser les jetons avec *cohérence* et dans des *conditions bien spécifiées*, c'est-à-dire à chaque émission du comportement-cible apparaissant dans des conditions adéquates.

- Distribuer les jetons en *quantité adéquate*, ni trop peu pour obtenir le résultat souhaité, ni trop pour éviter la satiété. Il n'existe pas à cet égard de règle absolue. Seuls les résultats peuvent vous donner des indications utiles à ce propos. Une formule pratique consiste à prévoir plusieurs types de renforçateurs: des renforçateurs peu importants et pouvant être obtenus fréquemment et avec un nombre relativement peu élevé de jetons et des renforçateurs plus importants qui exigent davantage de jetons.

- Choisir des *renforçateurs d'échange adéquats*, c'est-à-dire:
- convenant à chaque sujet;
- aussi «naturels» que possible;
- dont le coût financier est aussi faible que possible;
- dont le «prix» sera fixé en fonction de l'offre et de la demande: un renforçateur abondant ou peu demandé sera d'un prix plus faible. A l'inverse, un renforçateur rare ou très sollicité sera d'un prix plus élevé.

- Pairer l'octroi des jetons avec le *renforçateur social*. En particulier parce que souvent seul le renforçateur social subsistera à la fin de l'économie de jetons.

- Afin de *maximiser l'effet* des jetons, on peut ajouter deux procédures de type aversif:
- coût de la réponse: le sujet doit rendre un nombre déterminé de jetons en cas d'émission de comportements inadaptés préalablement définis (voir le chapitre 9);
- retarder le moment de l'échange.

§ 4. Etapes de la mise en place de l'économie de jetons

- *Etape nº 1 :* Déterminer pour chaque personne, les comportements à renforcer.

- *Etape nº 2 :* Déterminer la durée du fonctionnement du système (par exemple, tous les matins ou toute la journée).

- *Etape nº 3 :* Déterminer les renforçateurs intermédiaires à utiliser, soit des jetons (éventuellement une couleur par personne handicapée pour éviter les vols) ou encore des « timbres » (genre timbre-ristourne) ou de l'argent factice, soit encore des marques sur un carnet, ou des étoiles ou des points.

En ce qui concerne les marques, étoiles ou points, ils peuvent être utilisés de différentes façons :
- le comportementaliste fait la marque sur la feuille de la personne, sans le signaler à tous à haute voix ;
- la marque est faite sur un tableau récapitulatif à côté du nom de la personne, et ce au vu et au su de tout le groupe ; la personne peut de plus faire une marque sur sa feuille ou non ;
- la personne (honnête !) fait les marques elle-même, sur instruction du responsable du programme.

- *Etape nº 4 :* Déterminer les modalités de dispensation des renforçateurs intermédiaires tenant compte des procédures définies antérieurement et des programmes de renforcement.

- *Etape nº 5 :* Déterminer le « menu », c'est-à-dire la liste des renforçateurs et leur valeur d'échange.

- *Etape nº 6 :* Prévoir le maintien des comportements acquis et la cessation de l'économie de jetons :
- augmenter les renforçateurs naturels, notamment les activités, les diplômes ou certificats ;
- augmenter les exigences quant au comportement attendu, le temps entre l'émission du comportement et la dispensation du jeton en faisant un rappel verbal, le temps entre la dispensation du jeton et le moment de l'échange ;
- passer à un programme de renforcement intermittent.

Remarque : A la lecture de ce qui précède, on se sera rendu compte que l'économie de jetons signifie tout autre chose que la simple distribution de bons points ou de récompenses, comme le croient généralement bon nombre d'éducateurs. Son utilisation correcte et efficiente exige en fait une connaissance approfondie de chaque sujet, des comportements que ceux-ci doivent acquérir, de leurs renforçateurs préférés ainsi que des règles d'apprentissage.

2. Le système personnalisé de Keller

Le système personnalisé de formation, formulé pour la première fois par Keller (1968), est une application à l'enseignement supérieur du modèle comportemental opérant S-R-S. Il consiste à placer l'étudiant dans les conditions d'environnement susceptibles de faire apparaître les comportements attendus, et à faire suivre ces réponses des conséquences adéquates. Les *réponses attendues* sont précisées au début du cours et de chaque unité d'apprentissage. Pour que ces objectifs soient atteints, l'étudiant reçoit des *documents écrits*, structurés sous forme d'unités d'apprentissage, dont la longueur, la difficulté et la succession sont soigneusement mis au point. De plus, il reçoit un *guide d'apprentissage*, qui comprend notamment des indications générales sur l'organisation du cours, des questions pour chaque unité que l'étudiant est invité à compléter, ainsi que leur corrigé. Il faut insister sur ce dernier point: l'étudiant est invité de façon pressante à ne pas se contenter de répondre oralement aux questions, mais à fournir une réponse écrite. Quant aux exposés magistraux, ils ne sont utilisés qu'avec une grande parcimonie, en raison de leur faible valeur informative et du fait qu'ils ne sollicitent guère de réponses de la part des étudiants; ils servent plutôt de support motivationnel. Quant aux *renforçateurs*, ils sont dispensés aux étudiants suite aux réponses correctes émises lors des *évaluations de chaque unité* et à l'occasion d'un contact avec le *moniteur*.

Les caractéristiques du système personnalisé de formation de Keller sont habituellement présentées en 5 points:
- L'étudiant a la possibilité de progresser à son propre rythme, à l'intérieur de contingences temporelles plus ou moins étroites et précisées au préalable;
- Le niveau de réussite exigé est élevé, et le passage d'une unité à l'autre implique la réussite d'une évaluation. Cette évaluation sert donc avant tout à renseigner l'étudiant sur sa compétence et à s'assurer qu'il est à même d'aborder l'unité suivante avec fruit. Le résultat de cette évaluation peut ou non intervenir dans la cote finale;
- Les exposés éventuels servent de support motivationnel, et sont la plupart du temps optionnels; ils ne servent donc pas à la transmission de l'information;

- Les documents écrits sont essentiels, tant au niveau de l'apprentissage que de l'évaluation;
- Le système fonctionne à l'aide de moniteurs (proctors), qui assurent l'interaction individuelle avec l'étudiant et en particulier le renforcent. Ils ne sont pas utilisés pour réenseigner la matière, mais essentiellement pour renforcer les réponses des étudiants.

Le fonctionnement d'un cours dispensé selon le système Keller est présenté dans le diagramme ci-dessous. A noter que le niveau de réussite exigé pour le passage à l'unité suivante peut différer selon les auteurs; il n'est généralement pas inférieur à 70 % et est bien plus souvent de 80 % ou 90 %.

De nombreuses études ont été réalisées à propos de l'efficacité du système Keller et analysées par Johnson et Ruskin (1977), Kulik, Kulik et Cohen (1979), Parsons (s.d.), Robin (1976), Sherman et Ruskin (1978). On peut en conclure que de façon générale, le système personnalisé de formation donne des résultats supérieurs à ceux obtenus avec les méthodes de formation habituellement utilisées dans l'enseignement supérieur. Nous avons nous-mêmes appliqué ce système depuis plusieurs années à l'Université de Mons, dans le cadre de la formation à l'éducation comportementale clinique, et avons montré dans une étude limitée que ce système permettait aux étudiants de maîtriser les principes et procédures comportementaux appliqués à l'éducation des enfants (Magerotte, 1982).

Nous reprenons ci-après les différentes étapes de la mise en place d'un enseignement selon le système personnalisé de formation de Keller, d'après Sherman et Ruskin (1978).

1. *Choisir le cours et le manuel*
- Choisir un cours avec lequel vous êtes familier, et de préférence à un niveau introductif.
- Choisir un bon manuel ou faire soi-même le manuel;
- Choisir un cours pour lequel le nombre d'étudiants n'est pas trop élevé.

Conditions générales:
- Les objectifs du cours doivent pouvoir être traduits en termes de comportements;
- l'objectif du cours ne doit pas être d'assurer la sélection;
- attention au respect des règles administratives.

2. *Diviser le cours en unités*
- Tout le contenu est-il indispensable?

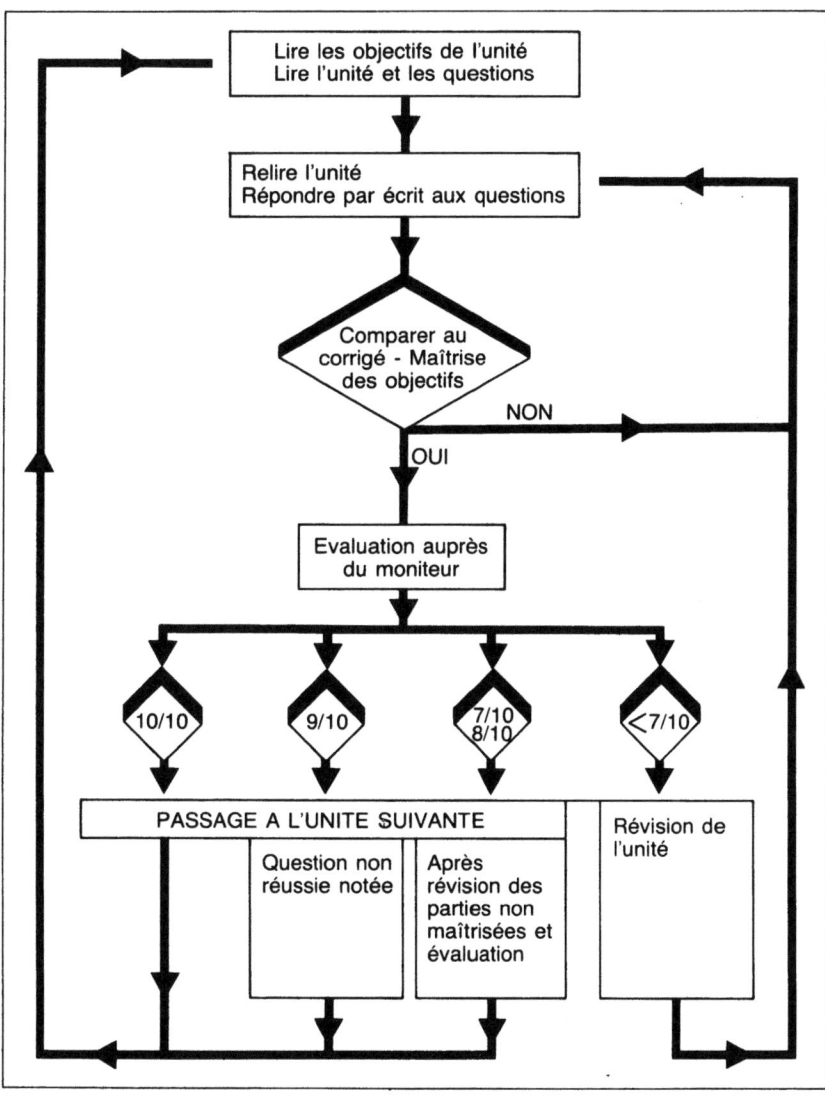

Fig. 17.1. Système personnalisé de formation tel qu'il est utilisé à l'Université de Mons (1983-1984).

- Quel sera l'ordre de succession des unités ?
- Les unités ne doivent pas être trop importantes.
- Les 2-3 premières unités doivent être plutôt faciles.

Remarque: ces unités ne correspondent pas nécessairement à des chapitres.

3. *Rédiger le matériel en rapport avec les unités.*
- Rédiger les objectifs (s'ils ne figurent pas déjà dans le manuel);
- Rédiger les questions d'apprentissage ainsi que leurs corrigés;
- Rédiger les questions d'évaluation ainsi que leurs corrigés (durée de l'évaluation : 15 à 20 minutes);
- Rédiger toute autre information utile à la maîtrise des unités (points particulièrement difficiles, etc.).

4. *Rédiger le contrat de formation*

C'est-à-dire la façon dont l'enseignement est organisé.

5. *Mettre au point les procédures concrètes d'organisation*

Dossiers individuels, tâches des moniteurs et du professeur, reproduction du matériel et son rangement.

6. *Modifier le matériel en cas de besoin et suivre attentivement l'application du Système*

Conclusion

Si chercheurs et praticiens travaillaient ensemble... enfin

Nous avons insisté tout au long de ce manuel sur le fait que l'éducation comportementale clinique était avant tout une démarche méthodologique, une façon de poser les problèmes d'éducation et de les résoudre, et non un ensemble de techniques ou de recettes qu'il suffirait d'appliquer, et qu'à ce titre elle rencontrait tant les préoccupations des praticiens que celles des chercheurs. Nous voudrions, en guise de conclusion, revenir sur cet aspect.

Quand nous considérons, en effet, le champ des pratiques éducatives, en particulier dans le domaine des personnes handicapées et inadaptées, nous ne pouvons manquer d'être frappés par le fossé qui habituellement sépare les praticiens des chercheurs. Les premiers, enserrés dans de multiples contraintes et aux prises avec des problèmes immédiats et urgents, s'efforcent surtout de trouver des solutions, sans se préoccuper outre mesure du respect d'une méthodologie rigoureuse et d'une évaluation précise et contrôlée; le plus souvent d'ailleurs, ils se réfèrent à des modèles qui se prêtent difficilement au contrôle scientifique. Quant aux chercheurs, ils sont confrontés à des exigences académiques et à des modèles de recherche peu concernés par la pertinence sociale. Ils évitent donc d'aborder les réalités éducatives qui sont celles des praticiens, et lorsqu'ils les abordent, ils les dépouillent volontiers de leur spécificité et leur complexité, de façon à les faire entrer dans leurs modèles de référence. On comprend dès lors que, soumis à des exigences en quelque sorte contradictoires, praticiens et chercheurs ne se rencontrent guère. Ce divorce est d'ailleurs entretenu par les politiques de formation, du moins celles qui ont cours dans plusieurs pays européens, en fonction desquelles la formation des praticiens de l'éducation est assurée dans des lieux et par des personnes coupés de tout contact avec la recherche, et celle des chercheurs est confiée à des universités trop timides dans leur ouverture aux besoins sociaux et trop rigides dans leurs modèles de recherche scientifique.

La situation se présente cependant différemment dans le secteur de l'éducation comportementale. S'il est vrai, en effet, que la psychologie de l'apprentissage a d'abord été une psychologie de laboratoire, ainsi que nous l'avons rappelé au chapitre 1, elle a néanmoins pu prendre en compte dès les années 60, les problèmes d'apprentissage humain, et en particulier les problèmes des personnes handicapées, dans les situations naturelles dans lesquelles ils se présentaient, sans cependant abandonner les caractéristiques essentielles de la démarche scientifique. L'évolution récente de l'analyse appliquée du comportement, telle qu'on peut l'apprécier au travers des ouvrages de synthèse comme celui de Bellack, Hersen et Kazdin (1982) nous incite à penser que l'éducation comportementale clinique est particulièrement bien placée pour concilier les exigences d'efficacité et de pertinence sociale des praticiens et de validation scientifique des chercheurs. C'est également cette préoccupation qui nous a guidé tout au long de cet ouvrage.

Est-ce à dire que tout va pour le mieux et qu'il n'y a aucune crainte à avoir quant à l'évolution future de l'éducation comportementale clinique? Non, sans doute. D'une part en effet, on peut raisonnablement penser que le savoir comportemental sera de plus en plus largement diffusé auprès des praticiens, préoccupés de répondre plus adéquatement aux défis qui leur sont posés. Le danger est donc grand que, tentés par l'apparente simplicité de l'approche comportementale, plusieurs la considèrent comme un ensemble de recettes et de techniques — auquel cas, l'échec est quasi inévitable — et que d'autre part soit ignorée la dimension éthique de toute éducation. Aussi, faudra-t-il insister sans relâche sur la nécessité d'une formation de qualité des praticiens sur ces deux plans, ainsi que d'un auto- et d'un hétérocontrôle attentifs.

Quant à ceux qui sont davantage concernés par la recherche, il leur faudra non seulement affiner les méthodes d'observation et d'intervention capables de cerner toujours plus adéquatement les situations complexes d'apprentissage, en milieu naturel, mais aussi y intégrer les apports d'autres disciplines psychologiques, en particulier ceux de la psychologie génétique et de la psychologie différentielle. Il est clair en effet qu'à ce jour, la psychologie comportementale s'est développée le plus souvent en parallèle aux autres disciplines psychologiques; elle risque donc un jour d'être stérilisée par cette absence d'échanges. Dans cet effort d'ouverture, il faudra cependant que le chercheur reste fidèle à ce qui fait l'originalité de sa démarche, à savoir son intérêt pour les problèmes socialement pertinents, son souci d'un contrôle scientifique de qualité et sa volonté d'étudier les problèmes dans le cadre d'interventions sur le terrain.

Objectif ambitieux? Sans doute. Objectif irréaliste? Non. A la condition que praticiens et chercheurs se rencontrent et qu'ils n'oublient pas que le point de convergence de leur mission est la personne à éduquer.

Bibliographie

AYLLON, T. & AZRIN, N.H., Reinforcement and instructions with mental patients. *Journal of Experimental Analysis of Behavior,* 1964, *7,* 327-331.
AYLLON, T. & AZRIN, N., *Traitement comportemental en institution psychiatrique.* Bruxelles, Mardaga-Dessart, 1968 (éd. américaine), 1973 (éd. française).
AYLLON, T. & MICHAEL, J., The psychiatric nurse as a behavioral engineer. *Journal of the Experimental Analysis of Behavior,* 1959, *2,* 323-334.
AZRIN, N.H. & POWELL, J., Behavioral engineering: the use of response priming to improve prescribed self-medication. *Journal of Applied Behavior Analysis,* 1969, *2,* 39-42.
BAER, D.M., Maybe it would be beter not to know everything. *Journal of Applied Behavior Analysis,* 1977, *10,* 167-172.
BAER, D.M., PETERSON, R.F. & SHERMAN, J.A., The development of imitation by reinforcing behavioral similarity to a model. *Journal of Experimental Analysis of Behavior,* 1967, *10,* 405-416. Texte résumé dans WHALEY, D.L. & MALOTT, R.W., *Elementary principles of behavior.* Englewood Cliffs, New Jersey, Prentice-Hall, 1971, 225-229.
BAER, D.M., WOLF, M.M. & RISLEY, T.R., Some current dimensions of applied behavior analysis. *Journal of Applied Behavior Analysis,* 1968, *1,* 91-97.
BELLACK, A.S., HERSEN, M. & KAZDIN, A.E. (Eds), *International Handbook of Behavior Modification and Therapy.* New York and London, Plenum Press, 1982.
BENOIT, B., Backward chaining. *The learning Analyst Newsletter.* 1972, *1,* 6-7. In SULZER-AZAROFF, B. & MAYER, G.R., *Applying Behavior Analysis procedures with children and youth.* New York, Holt, Rinehart and Winston, 1977.
BIJOU, S.W., *The basic stage of early childhood.* Englewood Cliffs, New Jersey, Prentice-Hall, 1976.
BIJOU, S.W. & BAER, D.M., *Behavior analysis of child development.* Englewood Cliffs, New Jersey, Prentice-Hall, 1978.
BISSONNIER, H., Critique de l'approche comportementale opérante. *Recherches, conscience chrétienne et handicap,* 1978, *17,* 19-22.

BORNSTEIN, P.H. & QUENVILLON, R.P., The effects of self-instructional package on overactive preschool boys. *Journal of Applied Behavior Analysis*, 1976, *9*, 179-188.

BUDD, K. et BAER, D.M., Behavior modification and the law: implications of recent judicial decisions. *The Journal of Psychiatry and Law*, 1976, 171-244. Cité par SULZER-AZAROFF, B. et MAYER, G.R., *Applying Behavior Analysis procedures with children and youth*. New York, Holt, Rinehart and Winston, 1977.

COTE, R. & PLANTE, J., *Analyse et modification du comportement*. Montréal, Beauchemin, 1978.

DEITZ, S.M. & REPP, A.C., Decreasing classroom misbehavior through the use of DRL schedules of reinforcement. *Journal of Applied Behavior Analysis*, 1973, *6*, 457-463.

ELLIS, N.R., Toilet training the severely defective patient: An S-R reinforcement analysis. *American Journal of Mental Deficiency*, 1963, *68*, 98-103.

FONTAINE, O., *Introduction aux thérapies comportementales (Behavior Therapies)*. Bruxelles, Mardaga, 1978.

FOXX, R.M. & AZRIN, N.H., *Toilet Training the retarded*. Champaign, Ill., Research Press, 1973. Traduction française expérimentale par G. MAGEROTTE, J. LAURENT et F. HOLEF, *Comment faire l'éducation sphinctérienne des arriérés mentaux*. Mons, Département d'Orthopédagogie, 1979.

FULLER, P.R., Operant conditioning of a vegetative human organism. *American Journal of Psychology*, 1949, *62*, 587-590.

GARDNER, W.I., *Children with learning and behavior problems. A behaviour management approach*. Boston, Allyn & Bacon, Inc., 1974.

GELFAND, D.M. & HARTMANN, D.P., *Child Behavior Analysis and Therapy*. New York, Pergamon Press, 1975.

GUNZBURG, H.C., *Inventaire des progrès du développement social - forme 1*. Birmingham, SEFA, 1973, a.

GUNZBURG, H.C., *Premier inventaire des progrès du développement social*. Birmingham, SEFA, 1973, b.

GUSTAFSON, C., HOTTE, E. & CARSKY, M., *Everyday living skills*. Unpublished manuscript, Mansfield Training School, Mansfield Depot, Conn., 1976. In SULZER-AZAROFF, B. & MAYER, G.R., *Applying behavior analysis procedures with children and youth*. New York, Holt, Rinehart and Winston, 1977.

HALL, V.R., COPELAND, R. & CLARK, M., Management strategies for Teachers and Parents: Responsive teaching. In HARING, N.G. & SCHIEFELBUSCH, R.L., *Teaching special children*. N.Y., McGraw-Hill, 1976, 157-196.

HALL, V.R., CRISTLER, C., CRANSTON, S.S. & TUCKER, B., Teachers and parents as researchers using multiple baseline designs. *Journal of Applied Behavior Analysis*, 1970, *3*, 247-255.

HARING, N.G. & SCHIEFELBUSCH, R.L., *Teaching special children*. N.Y., McGraw-Hill, 1976.

HARRIS, F.R., WOLF, M.M. & BAER, D.M., Effects of adult social reinforcement on child behavior. *Young children*, 1964, *20*, 8-17.

HARTMANN, D.P. & HALL, R.V., The changing criterion design. *Journal of Applied Behavior Analysis*, 1976, *9*, 527-532.

HERSEN, M., VAN HASSELT, B. & MATSON, J.L. (Eds), *Behavior Therapy for the Developmentally and Physically Disabled*. New York, Academic Press, 1983.

JACKSON, D.A. & WALLACE, R.F., The modification and generalization of voice loudness in a fifteen year old retarded girl. *Journal of Applied Behavior Analysis*, 1974, *7*, 461-471.

JOHNSON, K.R. & RUSKIN, R.S., *Behavioral Instruction: An Evaluative Review*. Washington, D.C., A.P.A., 1977.

KANFER, F.H. & PHILIPS, J.S., *Learning foundations of Behavior Therapy.* New York, Wiley and Sons, 1970.

KAZDIN, A.E., *Behavior Modification in Applied settings.* Homewood, Ill., The Dorsey Press, 1975.

KAZDIN, A.E., Assessing the clinical or applied importance of behavior change through social validation. *Behavior Modification,* 1977, *1,* 427-452.

KELLER, F.S., « Good Bye, Teacher, ... ». *Journal of Applied Behavior Analysis,* 1968, 1, 79-89.

KULIK, J.A., KULIK, C.L.C. & COHEN, P.A., A Meta-Analysis of outcome studies of Keller's Personalized System of Instruction. *American Psychologist,* 1979, *34(4),* 307-318.

LADOUCEUR, R. et BEGIN, G., *Protocoles de recherche en sciences appliquées et fondamentales.* St-Hyacinthe et Paris, Edisem et Maloine, 1980.

LADOUCEUR, R., BOUCHARD, M.A. & GRANGER, L., *Principes et applications des thérapies comportementales.* St-Hyacinthe et Paris, Edisem et Maloine, 1977, ch. 16, 313-345.

MAGEROTTE, G., *L'éducation des enfants et adolescents handicapés - Approche comportementale.* Mons, Faculté des Sciences Psychopédagogiques, 1976, cours non publié.

MAGEROTTE, G., L'utilisation spontanée du renforcement social en milieu scolaire et institutionnel. Une revue des études descriptives. *Journal de Thérapie Comportementale,* 1980, *2,* 33-39.

MAGEROTTE, G., La formation à l'approche comportementale. Le système personnalisé de formation de Keller. *Journal de thérapie comportementale,* 1982, *IV, 2,* 16-27.

MALCUIT, G., GRANGER, L., & LAROCQUE, A., *Les thérapies behaviorales.* Québec, Presses de l'Université Laval, 1972.

MALCUIT, G. & POMMERLEAU, A., *Terminologie en conditionnement et apprentissage.* Montréal, Les Presses de l'Université du Québec, 1977.

MARLETT, N.J., *Apprentissage fonctionnel à l'indépendance.* Association canadienne pour les Déficients Mentaux, 1977.

MILLER, L.K., *Principles of Everyday Behavior Analysis.* Monterey, California, Brooks/Cole Publishing Company, 1980, 2ᵉ édition.

MILLER, S.J. & SLOANE, H.N., Jr., The generalization effects of parent training across stimulus settings. *Journal of Applied Behavior Analysis,* 1976, *9,* 353-370.

MOORE, B.L. & BAILEY, J.S., Social punishment in the modification of a pre-school child's « autistic-like » behavior with a mother as therapist. *Journal of Applied Behavior Analysis,* 1973, *6,* 497-507.

NIHIRA, K., FOSTER, R., SHELLHAAS, M. & LELAND, H., *Echelle de comportement adaptatif.* Adaptation en langue française par G. MAGEROTTE. Bruxelles, Editest., 1978.

O'LEARY, K.D., KAUFMAN, K.F., KASS, R. & DRABMAN, R., The effects of loud and soft reprimands on the behavior of disruptive students. *Exceptional children,* 1970, *37,* 145-155.

PARSONS, J.A., Personalized system of instruction: theory, research and practice. Document non publié, s.d.

PENNYPACKER, H.S., KOENIG, C.H., LINDSLEY, O.R., *Handbook of the standard behavior Chart* (preliminary edition). Kansas City, Kansas, Precision Media, 1972.

PHILLIPS, E.L., Achievement Place: Token reinforcement procedures in a home-style rehabilitation setting for « pre-delinquent » boys. *Journal of Applied Behavior Analysis,* 1968, *1,* 213-223.

PHILLIPS, E.L., PHILLIPS, E.A., FIXSEN, D.L. & WOLF, M.M., Achievement Place: Modification of the Behaviors of pre-delinquent boys within a token economy. *Journal of Applied Behavior Analysis,* 1971, *4,* 45-59.

PINKSTON, E.M., REESE, N.M., LeBLANC, J.M. & BAER, D.M., Independent control of a preschool child's aggression and peer interaction by contingent teacher attention. *Journal of Applied Behavior Analysis.* 1973, *6,* 115-124.

RICHELLE, M., *B.F. Skinner ou le péril behavioriste.* Bruxelles, Mardaga, 1977.

ROBIN, A.L., Behavioral Instruction in the College Classroom. *Review of Educational Research,* 1976, *46,* 313-354.

SERON, X., LAMBERT, J.L. & VAN DER LINDEN, M., *La Modification du comportement.* Bruxelles, Dessart et Mardaga, 1977, 148-156.

SHERMAN, J.G. & RUSKIN, R.S., *The Personalized System of Instruction.* The International Design Library, Vol. 13. Englewood Cliffs, New Jersey, Educational Technology Publications, 1978.

SLOANE, H.N., *Classroom Management. Remediation and Prevention.* New York, Wiley & Sons, 1976.

STAATS, A.W., STAATS, K., SCHULTZ, R.E. & WOLF, M., The conditioning of textual responses using «extrinsic» reinforcers. *Journal of Experimental Analysis of Behavior,* 1962, *5,* 33-40.

STREIFEF, S., *Teaching a child to imitate,* Lawrence, Kansas. H. et H. Enterprises, 1974.

SULZER-AZAROFF, B. & MAYER, G.R., *Applying Behavior Analysis procedures with children and youth.* New York, Holt, Rinehart and Winston, 1977.

THARP, R.G. & WETZEL, R.J., *Behavior modification in the natural environnement.* New York, Academic Press, 1969.

WHITMAN, T.L., SCIBACK, J.W. & REID, D.H., *Behavior Modification with the Severely and Profoundly Retarded - Research and Application.* New York, Academic Press, 1983.

WILLIAMS, C.D., The elimination of tantrum behavior by extinction procedures. *Journal of Abnormal and Social Psychology,* 1959, *59,* 269.

WINETT, R.A. & WINKLER, R.C., Current behavior modification in the classroom: Be still, be quite, be docile. *Journal of Applied Behavior Analysis,* 1972, *5,* 499-504.

WOLF, M.M., RISLEY, T.R. & MEES, H., Application of operant conditioning procedures to the behavior problems of an autistic child. *Behaviour Research and Therapy,* 1964, *1,* 305-312.

Annexe 1

Pour en savoir davantage sur l'approche comportementale et l'éducation comportementale clinique

1. Revues

- *En langue française:*
  - Revue de modification du comportement (1971).
  - La technologie du comportement (1977).
  - Journal de thérapie comportementale de langue française (1979).

Numéros spéciaux de revues consacrés totalement ou partiellement à l'approche comportementale:
  - Guérir pour normaliser. *Autrement,* 1976, n° 4.
  - Approche comportementale en psychiatrie. *Perspectives Psychiatriques,* 1979, *15* (n° 64).
  - Thérapies comportementales (quelques aspects). *Mosaïque,* 1979-1980, 12ᵉ année, n°ˢ 40-41-42.
  - La carotte et le bâton. *Autrement,* 1980, n° 28.

- *En langue anglaise:*
  - Journal of the Experimental Analysis of Behavior (1958).
  - Behavior Research and Therapy (1962).
  - The Journal of Applied Behavior Analysis (1968).
  - Behavior Therapy (1970).
  - The Journal of Behavior Therapy and Experimental Psychiatry (1970).

- The Journal of Behavioral Technology (1971).
- Behaviorism (1972).
- Cognitive Therapy and Research (1977).
- Behavior Modification (1977).
- Advances in Behavior Research and Therapy (1978).
- Journal of Behavioral Assessment (1979).
- Behavior Research of Severe Developmental Disabilities (1980).

2. Ouvrages

• *Ouvrages originaux en langue française:*

CHAREST, J., NAUT, J., et VITARO, F., *Définition opérationnelle des objectifs en pédagogie et en psychologie. Méthodes et applications.* Université du Québec, 1976.

COTE, R. et PLANTE, J., *Analyse et modification du comportement.* Montréal, Beauchemin, 1978 (2ᵉ édition, 1979).

COTTRAUX, J., *Les thérapies comportementales: stratégies du changement.* Paris, Masson, 1979.

FONTAINE, O., *Les thérapies comportementales (Behavior Therapies).* Bruxelles, Mardaga, 1978.

FORGET, J., *Bibliographie française sur le conditionnement et l'approche behaviorale. La Technologie du comportement,* 1980, *4,* 3-86.

LADOUCEUR, R. et BEGIN, G., *Protocoles de recherche en sciences appliquées et fondamentales.* Sainte-Hyacinthe, Edisem et Paris, Maloine, 1980.

LADOUCEUR, R., BOUCHARD, M.-A. et GRANGER, L. et Coll., *Principes et applications des thérapies behaviorales.* Sainte-Hyacinthe, Edisem et Paris, Maloine, 1977.

LAMONTAGNE, Y. et LAMONTAGNE, C., *La thérapie comportementale en psychiatrie.* (Rapport de l'Association Américaine de Psychiatrie). Ottawa, Beauchemin, 1975.

MALCUIT, G., GRANGER, L. et LAROCQUE, A., *Les thérapies comportementales. Modifications correctives du comportement et behaviorisme.* Sainte-Foy, Presses de l'Université Laval, 1972.

MALCUIT, G. et POMERLEAU, A., *Terminologie en conditionnement et apprentissage.* Montréal, Presses de l'Université du Québec, 1977.

RICHELLE, M., *Le conditionnement opérant.* Neuchâtel, Delachaux et Niestlé, 1966.

RICHELLE, M., *B.F. Skinner ou le péril behavioriste.* Bruxelles, Mardaga, 1977.

ROGNANT, J., *Les thérapeutiques de déconditionnement dans les névroses.* Paris, Masson, 1970.

SERON, X., LAMBERT, J.-L. et VAN DER LINDEN, M., *La modification du comportement. Théorie, pratique et éthique.* Bruxelles, Dessart et Mardaga, 1977.

- *Ouvrages traduits en français:*
AYLLON, T. et AZRIN, N., *Traitement comportemental en institution psychiatrique.* Bruxelles, Dessart, 1973. (*A Token Economy: A motivational system for therapy and rehabilitation.* New York, Meredith Corporation, 1968).
BUCKLEY, N.K. et WALKER, H.M., *Comment modifier les comportements en classe.* Sainte-Foy, Québec, Les éditions Saint-Yves, 1974. (*Modifying classroom behavior: A manual of procedures for classroom teachers.* Champaign, Illinois, Research Press, 1970).
HEYSENCK, H.J., *Conditionnement et névroses.* Paris, Gauthier-Villars, 1962.
KRUMBOLTZ, J.D. et KRUMBOLTZ, H.B., *Comment intervenir auprès des enfants?* Sainte-Foy, Québec, Les éditions Saint-Yves, 1975. (Englewood Cliffs, New Jersey, Prentice Hall, 1972).
MAGER, R.F., *Comment définir les objectifs pédagogiques?* Paris, Gauthier-Villars, 1972.
SKINNER, B.F., *La révolution scientifique dans l'enseignement.* Bruxelles, Dessart, 1969. (*The technology of teaching.* New York, Appleton-Century-Crofts, 1968).
SKINNER, B.F., *L'analyse expérimentale du comportement. Un essai théorique.* Bruxelles, Dessart, 1971. (*Contingencies of reinforcement: A theoretical analysis.* New York, Appleton-Century-Crofts, 1969).
SKINNER, B.F., *Par-delà la liberté et la dignité.* Paris, Laffont, 1972.
SKINNER, B.F., *Le behaviourisme.* Neuchâtel, Delachaux et Niestlé, 1980.
WOLPE, J., *La pratique de la thérapie comportementale.* Paris, Masson, 1975.

3. *Programmes d'apprentissage en français*

BAKER, M.L., BRIGHTMAN, A.J., HEIFETZ, L.J., MURPHY, D.M., *L'acquisition de l'autonomie par étapes.* Volume 1: Autonomie fondamentale; Volume 2: Autonomie intermédiaire; Volume 3: Autonomie avancée; Volume 4: Problèmes de comportement. Downsview, Ontario, Institut national pour la Déficience Mentale, 1980.
BLUMA, S., SHEARER, M., FROHMAN, A. et HILLIARD, J., *Portage guide d'intervention précoce.* Downsview, Ontario, Institut national pour la Déficience Mentale, 1980.
FOXX, R.M. et AZRIN, N., *Comment faire l'éducation sphinctérienne des arriérés mentaux.* Champaign, Illinois, Research Press, 1973 (traduction expérimentale à usage interne, 1979).
JOHNSON, M. et WERNER, R.A., *Guide progressif des acquisitions chez l'enfant handicapé mental.* Neuchâtel, Delachaux et Niestlé, 1980.
MAGEROTTE, G., *Traitement de l'énurésie nocturne. Instructions pour l'emploi de l'appareil avertisseur.* Mons, Travaux et documents d'orthopédagogie, 1978.
PATTERSON, G.R. et GULLION, M.E., *Comment vivre avec les enfants?* Montréal, Education nouvelle, 1972. (Edition épuisée).

D'autres programmes sont en cours de traduction ou de publication. Pour de

plus amples renseignements, s'adresser à :
Université de Mons-Hainaut, Département d'Orthopédagogie,
24, rue des Dominicains, 7000 Mons, tél. : 065/34.69.15.

4. Associations scientifiques d'expression française

BELGIQUE
Association pour l'Etude, la Modification et la Thérapie du Comportement (AEMTC).
Boulevard du Jardin Botanique, 36
B - 4000 Liège.

CANADA - QUEBEC
Association Scientifique pour la Modification du Comportement (ASMC).
6955, Bd. Taschereau, Suite 211
Brossard, Québec J4Z 1A7

FRANCE
Association Française de Thérapie Comportementale
Hôpital Sainte-Anne
100, rue de la Santé
F - 75014 Paris

SUISSE
Société Suisse de Thérapie Comportementale
S.G.V.T.
Obers Zaüne 16
CH - 8001 Zurich

Annexe 2

Ce lexique a été mis au point sur base des auteurs suivants: Kazdin (1975), Malcuit et Pommerleau (1977), Sulzer-Azaroff et Mayer (1977).

Lexique

ABAB : voir « dessein expérimental ».

AMENDE [response cost] : procédure consistant à enlever un nombre, déterminé au préalable, de renforçateurs positifs suite à l'émission d'un comportement et entraînant une diminution de la probabilité ultérieure d'apparition de ce comportement.
Syn. : coût de la réponse.

ANALYSE APPLIQUEE DU COMPORTEMENT [Applied Behavior Analysis] : courant de recherche issu des travaux de Skinner, visant à modifier les comportements en s'appuyant sur la connaissance des relations fonctionnelles entre ces comportements et l'environnement, et utilisant des desseins expérimentaux. Dans le cas d'intervention ne faisant pas appel aux desseins expérimentaux, on parlera simplement de « modification du comportement ».

ANALYSE DE CONTINGENCE [contingency analysis] : voir « analyse fonctionnelle ».

ANALYSE DE TACHES [task analysis] : opération qui consiste à décomposer un comportement complexe en plusieurs comportements simples différents qui se suivent dans un ordre déterminé. Chaque comportement simple est une conséquence pour le comportement qui précède et un stimulus discriminatif pour le comportement qui suit.
Voir aussi : « chaîne de comportements ».

ANALYSE EXPERIMENTALE DU COMPORTEMENT [Experimental Analysis of Behavior]: courant de recherche issu des travaux de Skinner, visant à établir les lois d'apprentissage des comportements en spécifiant les relations fonctionnelles entre ces comportements et l'environnement.

ANALYSE FONCTIONNELLE [functional analysis]: description des comportements du sujet et de l'environnement dans lequel ces comportements sont émis, en vue de préciser les relations fonctionnelles existant entre ces comportements et l'environnement (les stimuli antécédents et les stimuli conséquents). Ces relations fonctionnelles sont formulées dans une «hypothèse fonctionnelle», qui sert de base à la mise au point du programme d'intervention comportementale.
Syn.: analyse de contingence.

APPRENTISSAGE [learning]: modification stable d'un comportement, résultant d'une interaction entre ce comportement et l'environnement. Cette modification n'est donc pas explicable par d'autres facteurs, comme la fatigue, la maturation, la maladie, etc. L'apprentissage concerne non seulement le domaine intellectuel ou moteur, mais aussi les comportements sociaux et personnels. En particulier, les comportements dits inadaptés sont eux aussi appris.
On distingue habituellement trois types d'apprentissage: l'apprentissage par conditionnement opérant, par conditionnement répondant et par observation ou imitation. Voir ces termes.

APPRENTISSAGE DISCRIMINATIF [discriminative learning]: voir «renforcement».

APPRENTISSAGE PROGRESSIF [forward learning]: voir «chaîne de comportements».

APPRENTISSAGE REGRESSIF [backward learning]: voir «chaîne de comportements».

APPROXIMATIONS SUCCESSIVES (d'un comportement) [successive approximations]: réponses qui ressemblent de plus en plus au comportement-cible visé par le programme d'intervention.
Ces approximations apparaissent dans le cadre de la procédure d'apprentissage, appelée procédure de façonnement. Voir «façonnement».

AVERSIF [aversive]: voir «stimulus».

CHAINE (de comportements) [chain (of behaviors)]: succession de comportements différents qui sont émis dans un ordre déterminé et qui constituent un comportement complexe.

- APPRENTISSAGE REGRESSIF [backward learning] et APPRENTISSAGE PROGRESSIF [forward learning]: l'apprentissage d'une chaîne de comportements [chaining] se fait par apprentissage régressif lorsque le sujet apprend d'abord le dernier comportement de la chaîne, puis l'avant-dernier et le dernier et ainsi de suite jusqu'au premier comportement. Par contre, dans l'apprentissage progressif, le sujet apprend d'abord le premier comportement, puis le premier et le deuxième, et ainsi de suite jusqu'au dernier. La procédure d'apprentissage régressif consiste donc à renforcer le sujet lorsqu'il exécute le dernier comportement de la chaîne, qui donne ainsi accès au renforçateur, puis lorsqu'il émet l'avant-dernier et le dernier, et ainsi de suite jusqu'au premier comportement. Par contre, la procédure d'apprentissage progressif consiste à renforcer le sujet s'il émet le premier comportement, puis le premier et le deuxième, et ainsi de suite jusqu'au dernier comportement de la chaîne.

CHANGEMENT DE CRITERE [changing criterion]: voir «dessein expérimental».

CIBLE (comportement) [target]: voir «comportement».

COMPORTEMENT [behavior]: toute réponse ou action observable et mesurable d'un individu.

- OPERANT [operant] - REPONDANT [respondent]: le comportement opérant est un comportement contrôlé par les stimuli qui suivent immédiatement son émission ou stimuli conséquents; le comportement opérant agit, opère sur l'environnement. Quant au comportement répondant, il est contrôlé par les stimuli qui précèdent son émission ou stimuli antécédents.

- EMIS [emitted] - DECLENCHE [elicited]: le comportement opérant est émis par l'organisme, en ce sens qu'il est manifesté par le sujet en présence d'un stimulus antécédent, sans cependant être déclenché par lui. On oppose donc l'émission d'un comportement à son déclenchement. Dans le premier cas, le comportement a simplement une probabilité plus grande d'apparition en présence de tel stimulus antécédent, alors que dans le second, le déclenchement du comportement en présence d'un stimulus donné est quasi certain, sinon automatique.

- CONTINU [continuous] - DISCRET [discrete]: un comportement est dit continu si le début et la fin de ce comportement ne sont pas aisément identifiables. A l'opposé, un comportement est dit discret s'il a un début et une fin aisément identifiables.

- PUBLIC, EXTERNE, MANIFESTE [overt] - PRIVE, INTERNE, IMPLICITE [covert]: dans le premier cas, on vise les comportements qui sont accessibles à un observateur extérieur, alors que dans le second cas, on vise des comportements qui ne sont accessibles qu'au sujet lui-même.

- CIBLE [target] - TERMINAL [terminal]: le comportement-cible est le comportement visé par une partie du programme d'intervention, tandis que le comportement terminal est celui visé par l'entièreté du programme.

- A HAUTE PROBABILITE D'APPARITION [high probability of occurrence] - A BASSE PROBABILITE D'APPARITION [low probability of occurrence]: un comportement à haute probabilité d'apparition est un comportement qui est exécuté fréquemment, en particulier quand l'individu peut choisir parmi divers comportements. Le comportement à basse probabilité d'apparition est un comportement qui est émis peu fréquemment quand l'individu peut choisir entre divers comportements.

Voir aussi: «Premack (principe de)».

CONDITIONNNEMENT [conditioning] : on distingue deux types de conditionnement.

- REPONDANT [respondent] : type d'apprentissage dans lequel un stimulus neutre est associé à un stimulus inconditionné qui déclenche une réponse réflexe; après plusieurs associations entre ces deux stimuli, le stimulus conditionné déclenche seul la réponse inconditionnée. La modification qui résulte de l'apprentissage concerne donc ici la capacité du stimulus conditionné de déclencher une réponse qu'auparavant il ne déclenchait pas.
Syn.: classique, de type I, Pavlovien.

- OPERANT [operant] : type d'apprentissage dans lequel un comportement est modifié en agissant sur les stimuli qui suivent immédiatement son émission. La modification qui résulte de l'apprentissage concerne ici le comportement qui est modifié par les conséquences qui suivent son émission.
Syn.: instrumental, de type II ou Skinnérien.

CONTINGENCE [contingency] : relation de dépendance entre un comportement et ses stimuli antécédents et conséquents.

CONTINU : voir «comportement», «programme de renforcement».

CONTROLE DU COMPORTEMENT [behavior control] : pouvoir exercé sur la probabilité d'apparition d'un comportement par les stimuli de l'environnement, et en particulier par les stimuli conséquents. Lorsqu'on met l'accent sur le contrôle exercé par les stimuli antécédents, on parle de «contrôle du stimulus». Voir ce mot.

CONTROLE DU STIMULUS [stimulus control] : pouvoir exercé sur la probabilité d'apparition d'un comportement par un stimulus antécédent, qui rend l'émission de ce comportement plus probable.

COUT DE LA REPONSE [response cost] : voir «amende».

DEBIT [rate] : voir «Fréquence».

DECLENCHEMENT [elicitation] : voir «comportement déclenché».

DESSEIN EXPERIMENTAL [experimental design] : plan expérimental qui vise à vérifier que les changements de la variable dépendante sont bien dus aux procédures expérimentales introduites par le programme d'intervention et non à d'autres variables parasites étrangères à ce programme.
Syn.: plan expérimental, stratégie de vérification de la causalité.
On distingue habituellement les desseins expérimentaux à cas unique et les desseins avec groupe contrôle et groupe expérimental. Les comportementalistes préfèrent employer les desseins expérimentaux à cas unique, dans lesquels le sujet est son propre contrôle; on parle d'ailleurs souvent de dessein où $n = 1$.

- A LIGNES DE BASE MULTIPLES [multiple baseline design] : dessein expérimental qui vérifie la causalité en introduisant les procédures expérimentales successivement a) pour plusieurs comportements différents, b) pour plusieurs situations différentes, c) pour plusieurs sujets différents.

• A lignes de base multiples en fonction des comportements [multiple baseline across behaviors]: dessein expérimental de vérification de la causalité dans lequel a) on établit la ligne de base pour les différents comportements, b) on applique le programme d'intervention pour le premier comportement, jusqu'à l'obtention d'un changement satisfaisant, tout en continuant à établir la ligne de base pour les autres comportements, c) on applique le programme d'intervention pour le deuxième comportement, et ainsi de suite.
La causalité est vérifiée si chaque comportement ne change qu'à partir du moment où la procédure expérimentale est introduite.

• A lignes de base multiples en fonction des situations [multiple baseline across situations]: dessein expérimental de vérification de la causalité dans lequel a) on établit la ligne de base du comportement dans les différentes situations, b) on applique le programme d'intervention pour la première situation, jusqu'à l'obtention d'un changement satisfaisant, tout en continuant à établir la ligne de base pour les autres situations, c) on applique le programme d'intervention dans la deuxième situation, et ainsi de suite.
La causalité est vérifiée si le comportement ne change dans les différentes situations qu'à partir du moment où la procédure expérimentale est appliquée.
On parle aussi parfois de lignes de base multiples en fonction du temps quand on met l'accent sur le fait que la procédure expérimentale est appliquée à des moments différents.

• A lignes de base multiples en fonction des sujets [multiple baseline across individuals]: dessein expérimental de vérification de la causalité dans lequel a) on établit la ligne de base du comportement pour les différents sujets, b) on applique le programme d'intervention pour le premier sujet, jusqu'à l'obtention d'un changement satisfaisant, tout en continuant à établir la ligne de base pour les autres sujets, c) on applique le programme d'intervention pour le deuxième sujet, et ainsi de suite.
La causalité est vérifiée si le comportement des sujets ne change qu'à partir du moment où la procédure expérimentale est appliquée.

- AVEC CHANGEMENT DE CRITERE [changing criterion design]: dessein expérimental qui vérifie la causalité en modifiant de façon répétée et habituellement progressive le critère de réussite auquel doit satisfaire le comportement pour être suivi de la dispensation des stimuli conséquents.
La causalité est vérifiée si le comportement évolue étroitement comme le critère de réussite.

- REVERSAL [reversal design]: dessein expérimental qui vérifie la causalité en alternant les phases de lignes de base et d'application des procédures expérimentales.
La causalité est vérifiée si le comportement change dans le sens souhaité durant l'application du programme et retourne à son niveau de base quand le programme n'est plus appliqué.
Syn.: dessein ABAB, dessein avec renversement du procédé.

DISCRET [discrete]: voir «comportement discret».

DISCRIMINATIF [discriminative]: voir «renforcement», «stimulus».

ECHAPPEMENT [escape]: le comportement d'échappement est un comportement qui met fin à la présentation d'un stimulus aversif.
Le processus d'échappement vise l'augmentation de la probabilité d'apparition du comportement qui permet de mettre fin à la présentation d'un stimulus aversif.
La procédure d'apprentissage par échappement consiste donc à mettre le sujet en présence d'un stimulus aversif auquel il peut échapper en émettant le comportement souhaité.
Voir aussi «renforcement négatif».

ECONOMIE DE JETONS [token economy]: système de renforcement dans lequel le sujet reçoit un nombre déterminé de jetons suite à l'émission de comportements spécifiés d'avance; il peut ensuite échanger ces jetons contre des renforçateurs, selon des règles d'échange elles aussi spécifiées d'avance.
- JETON: objet quelconque qui agit comme renforçateur généralisé et peut être échangé. Il peut s'agir d'un jeton, d'un bon point, d'une étoile, d'un ticket, etc.

EDUCATION COMPORTEMENTALE CLINIQUE: éducation basée sur les principes de l'apprentissage opérant et présentant cinq caractéristiques: elle se centre sur le comportement; elle fait appel au raisonnement expérimental; elle tient compte des caractéristiques individuelles du sujet (elle se veut clinique); elle vise la construction d'un savoir scientifique et enfin elle tient compte des règles éthiques.

EMISSION: voir «comportement émis».

ESTOMPAGE [fading]: procédure qui consiste à diminuer progressivement, jusqu'à leur suppression totale, les stimuli discriminatifs surajoutés en vue de faciliter l'émission d'un comportement en présence des seuls stimuli naturels.
Ce terme ne s'utilise pas pour indiquer la diminution progressive des renforçateurs (voir «programme de renforcement»).

EVITEMENT [avoidance]: le comportement d'évitement est un comportement dont l'émission permet au sujet d'éviter ou tout au moins de retarder la présentation d'un stimulus aversif.
Le processus d'évitement vise l'augmentation de la probabilité d'apparition du comportement permettant d'éviter ou de retarder la présentation d'un stimulus aversif.
La procédure d'apprentissage par évitement consiste donc à mettre le sujet en présence d'un stimulus aversif qu'il peut éviter en émettant le comportement souhaité.
Voir aussi «renforcement négatif».

EXACTITUDE (des observations) [accuracy]: voir «fidélité».

EXPERIMENTAL(E) (raisonnement, démarche): qui procède par hypothèse et vérification de l'hypothèse, en recourant à des données empiriques observables et mesurables.
En éducation comportementale clinique, le raisonnement expérimental, et donc

aussi la démarche, comprend les étapes suivantes: on détermine d'abord l'objectif poursuivi (variable dépendante); on analyse ensuite les conditions d'environnement susceptibles de favoriser l'atteinte de cet objectif et on formule une hypothèse fonctionnelle; sur base de cette hypothèse, l'éducateur met au point un programme d'intervention (variable indépendante). L'application de ce programme et l'évaluation permanente des changements de la variable dépendante, à l'aide des stratégies de vérification de causalité, permettent de confirmer ou non l'hypothèse posée.

EXTERNE [external]: voir «comportement».

EXTINCTION [extinction]: processus par lequel la probabilité d'apparition d'un comportement diminue, suite à son non-renforcement.
La procédure d'extinction consiste donc à ne plus renforcer le comportement immédiatement après son émission et ainsi à en diminuer la probabilité ultérieure d'apparition.
Dans la procédure d'extinction, il ne se passe donc rien après l'émission du comportement. A la différence des procédures de renforcement ou de punition, dans lesquels l'émission d'un comportement est suivie de la présentation ou du retrait d'un stimulus.

EXTRINSEQUE [extrinsic]: voir «renforçateur».

FAÇONNEMENT [shaping]: procédure d'apprentissage d'un nouveau comportement consistant à renforcer les comportements ressemblant de plus en plus au comportement-cible et à ne plus renforcer les approximations précédemment apprises.
Dans le façonnement, on vise donc l'apprentissage d'un seul comportement, qui, ne pouvant être maîtrisé en une seule fois, est acquis petit à petit, par approximations successives.

FIDELITE (des observations) [reliability]: degré d'accord entre les observations réalisées par des observateurs différents, qui observent le comportement du sujet au même moment et de façon indépendante.
Cette fidélité se traduit par un pourcentage d'accord entre les observateurs et parfois par une corrélation.
On distingue parfois la fidélité inter-observateurs [reliability] de l'exactitude [accuracy]. Dans ce dernier cas, les observations sont comparées à une observation standard, qui sert de référence (habituellement lorsqu'on utilise des enregistrements vidéo).

FONCTIONNEL [functional]: voir «analyse fonctionnelle» et «hypothèse fonctionnelle».

FREQUENCE (d'un comportement) [frequency]: nombre de fois qu'un comportement déterminé apparaît pendant un temps donné.
- DEBIT [rate]: nombre de comportements par unité de temps (habituellement par minute).

GENERALISATION DE LA REPONSE [response generalization]: processus

qui traduit l'augmentation de la probabilité d'apparition d'un comportement plus ou moins proche de la réponse apprise.
A bien distinguer de la « généralisation du stimulus ». Voir ce mot.

GENERALISATION DU STIMULUS [stimulus generalization] : on parle du processus de généralisation du stimulus lorsqu'une réponse apprise dans des conditions déterminées de stimulation est également émise en présence de conditions différentes de stimulation. On parle aussi également de « transfert de l'apprentissage ».
La procédure de généralisation du stimulus est une procédure qui consiste à augmenter la probabilité d'apparition d'un comportement dans des conditions de stimulation autres que celles où s'est réalisé l'apprentissage. A cette fin, on réalisera l'apprentissage dans des conditions de stimulation dont les différences seront progressivement accentuées; on mettra l'accent sur les éléments communs à plusieurs situations et on introduira temporairement des stimulations supplémentaires efficaces, que l'on estompera ultérieurement.

GUIDANCE ADAPTEE [graduated guidance] : forme particulière de la guidance manuelle mise au point par Foxx et Azrin (1973), consistant à aider manuellement le sujet à exécuter le comportement requis, mais en adaptant à chaque instant l'aide accordée en fonction de la performance du sujet à ce moment précis.
Voir aussi « guidance physique ».

GUIDANCE PHYSIQUE [physical guidance] : procédure de démarrage ou d'incitation consistant à aider physiquement le sujet à exécuter le comportement requis; cette aide est ensuite estompée progressivement pour que finalement le sujet émette seul le comportement. La forme la plus courante de la guidance physique est la guidance manuelle [manual guidance].
Les procédures de guidance physique et de guidance adaptée visent à faciliter l'apparition du comportement en présence des stimuli discriminatifs habituels. Elles peuvent également être utilisées pour apprendre au sujet un nouveau comportement. Nous les avons cependant classées dans les procédures visant la modification du lien stimulus-comportement, parce qu'elles concernent avant tout les stimuli antécédents.

HYPOTHESE FONCTIONNELLE [functional hypothesis] : hypothèse découlant de l'analyse fonctionnelle et formulant les relations fonctionnelles ou de dépendance entre un comportement et son environnement.
L'hypothèse fonctionnelle est utilisée pour la mise au point du programme d'intervention.

IMITATION [imitation, modeling] : processus dans lequel le sujet émet un comportement, en voyant un modèle réaliser ce même comportement.
La procédure d'imitation est une procédure de démarrage ou d'incitation consistant à utiliser un modèle pour amener un sujet à réaliser le comportement préalablement émis par ce modèle.
La procédure d'imitation est ici considérée comme une procédure de modification du lien entre les stimuli antécédents et les comportements.

Elle peut aussi concerner l'apprentissage d'un nouveau comportement. Dans ce cas, la procédure d'imitation est une procédure qui consiste à apprendre au sujet un nouveau comportement, en renforçant la réponse émise par le modèle, en renforçant la réponse émise par le sujet qui imite, ou enfin en laissant simplement le sujet observer le modèle sans qu'il y ait par ailleurs quelque renforcement (dans ce dernier cas, on parlera parfois d'apprentissage par observation).

IMPLICITE [implicit] : voir « comportement ».

INCITATION [prompt] : procédure de présentation de stimuli antécédents qui habituellement ne sont pas présents dans l'environnement et qui favorisent l'apparition d'un comportement. Ces incitations sont ensuite estompées, afin que le sujet émette le comportement en présence des seuls stimuli naturels. Ces incitations peuvent être de type verbal, visuel ou physique.
Syn. : procédure de démarrage.

INTERMITTENT [intermittent] : voir « programme de renforcement ».

INTERNE [internal] : voir « comportement ».

INTRINSEQUE [intrinsic] : voir « renforcement », « renforçateur ».

ISOLEMENT [time out from reinforcement] : procédure consistant à placer le sujet, suite à l'émission du comportement que l'on désire voir disparaître, dans l'impossibilité d'être renforcé positivement pour ce comportement pendant un temps déterminé spécifié à l'avance, et entraînant une diminution de la probabilité ultérieure d'apparition de ce comportement.
Syn. : procédure de mise à l'écart.

JETON [token] : voir « économie de jetons ».

LATENCE [latency] : temps qui s'écoule entre la présentation d'un stimulus discriminatif et l'émission du comportement contrôlé par ce stimulus.

LIGNE DE BASE [baseline] : fréquence d'apparition d'un comportement avant l'introduction de la procédure expérimentale ou programme d'intervention. L'établissement de la ligne de base exige de réaliser plusieurs observations du comportement, jusqu'à ce que celui-ci se soit stabilisé.
Syn. : niveau de base, taux de base.

LIGNES DE BASE MULTIPLES EN FONCTION DES COMPORTEMENTS / SITUATIONS / SUJETS [multiples baseline design across behaviors / situations / individuals] : voir « dessein expérimental ».

MAINTIEN (d'un comportement) [maintenance] : on parle du processus de maintien d'un comportement quand ce comportement persiste après l'apprentissage et est émis dans des conditions naturelles d'environnement.
Les procédures de maintien du comportement sont des procédures qui consistent à estomper les incitations artificielles, à modifier les programmes de renforcement et la nature des renforçateurs, et qui entraînent la persistance ou le maintien du comportement dans des conditions naturelles d'environnement.

MANIFESTE [manifest]: voir «comportement».

MESURABLE [measurable]: qualité d'un comportement ou d'une situation qui a un début et une fin et qui peut être dénombré, compté.

MODELE COMPORTEMENTAL [behavioral model]: approche qui considère que le comportement d'un individu peut être expliqué par les éléments observables de l'environnement (les stimuli antécédents et les stimuli conséquents) dans lequel il est émis et peut être modifié en agissant directement sur ces éléments de l'environnement.

MODELE MEDICAL [medical model]: approche qui considère que le comportement, appelé souvent symptôme, ne peut être expliqué que par le recours à des causes internes à l'individu et ne peut être modifié qu'en agissant à ce niveau.
On considère souvent le modèle psycho-dynamique comme faisant partie du modèle médical, car comme lui, il considère que le comportement est le résultat d'un «homme interne» (tendances, conflits, pulsions, etc.). Il en va de même de la «psychologie des facultés» ou de la «psychologie des traits» dans la mesure où celles-ci considèrent le comportement comme l'expression de facultés ou de traits sous-jacents, non directement observables. On qualifie souvent ces modèles psychologiques de modèles «quasi médicaux».

MODIFICATION DU COMPORTEMENT [behavior modification]: ensemble de procédures visant à modifier le comportement par l'utilisation des principes de l'apprentissage.
Ce terme vise plus spécifiquement les procédures de conditionnement opérant. On utilise également parfois ce terme comme synonyme de «l'analyse appliquée du comportement» ou «thérapies comportementales» [behavior therapies]. Cependant, à la suite de Sulzer-Azaroff et Mayer (1977), nous proposons de réserver les termes «analyse appliquée du comportement» aux interventions qui utilisent également un dessein expérimental. On réserve habituellement les termes «thérapies comportementales» pour désigner les procédures qui font appel au conditionnement répondant.

OBJECTIF [(behavioral) objective]: changement comportemental visé par un programme d'intervention et comprenant trois éléments essentiels: la spécification du comportement en termes observables et mesurables, les stimuli (antécédents) en présence lesquels le comportement doit apparaître et le niveau de réussite exigé.

OBSERVABLE [observable]: qualité d'un comportement ou d'une situation qui peut être appréhendée par un de nos cinq sens.

OBSERVATION (techniques d'):

- DES RESULTATS PERMANENTS [permanent product]: technique d'observation qui consiste à observer et noter les résultats d'une activité, c'est-à-dire ce qui reste lorsque l'activité est terminée.

- DE LA FREQUENCE [Frequency count, event recording]: technique d'observation qui consiste à observer et noter le nombre de fois qu'un comportement apparaît, habituellement durant une certaine période de temps.

- PAR INTERVALLE DE TEMPS [interval observation]: technique d'observation qui consiste à observer et noter l'apparition d'un comportement durant une période limitée de temps, elle-même divisée en intervalles temporels courts (habituellement de 5 à 15 secondes). Dans la technique d'observation par intervalles complets, on ne note le comportement que s'il dure pendant tout l'intervalle; dans la technique d'observation par intervalles partiels, on note le comportement s'il apparaît au moins une fois durant l'intervalle, et on ne le note qu'une seule fois. Dans la technique d'observation en fin d'intervalle, on note le comportement s'il apparaît en fin d'intervalle.

- DE LA DUREE [duration]: technique d'observation qui consiste à noter le temps pendant lequel un comportement apparaît.

OPERANT: voir «comportement», «conditionnement».

PREMACK (principe de) [Premack principle]: principe qui stipule que la probabilité d'apparition d'une réponse augmente si elle est suivie d'une réponse à haute probabilité d'apparition.
En tant que procédure, elle consiste à augmenter la probabilité d'apparition d'un comportement, en le faisant suivre d'une activité dont la probabilité d'apparition est élevée.
Parfois, on parle également de «la loi de grand-maman»: «si tu fais ceci (activité à apprendre), tu pourras faire cela (activité préférée, facile)».

PROBABILITE D'APPARITION [probability of occurence]: voir «comportement».

PROGRAMME DE RENFORCEMENT [reinforcement schedule]: règle indiquant quelles réponses sont renforcées, en tenant compte soit du nombre de réponses, soit du temps.

- CONTINU - INTERMITTENT: dans le premier cas, chaque réponse est renforcée; il s'agit en fait d'un programme de renforcement à rapport fixe 1. Dans un programme de renforcement intermittent, toutes les réponses ne sont pas renforcées, mais seulement certaines d'entre elles.

- A INTERVALLE FIXE OU VARIABLE: programme de renforcement qui prévoit le renforcement de la réponse en fonction du temps qui s'écoule avant que le comportement ne soit renforcé.
Ce temps peut être fixe, toujours le même (programme de renforcement à intervalle fixe) [fixed interval reinforcement schedule - FI] ou variable, c'est-à-dire oscillant autour d'une valeur moyenne donnée (programme de renforcement à intervalle variable) [variable interval reinforcement schedule - VI].

- A RAPPORT OU PROPORTION FIXE OU VARIABLE: programme de renforcement qui prévoit le renforcement de la réponse en fonction du nombre de réponses à émettre avant que l'une d'entre elles ne soit renforcée.
Ce rapport peut être fixe, toujours le même [fixed ratio reinforcement schedule - FR] ou variable, oscillant autour d'une valeur moyenne donnée (programme

de renforcement à rapport variable) [variable ratio reinforcement schedule - VR].

PUBLIC [public] : voir «comportement».

PUNITION [punishment] : en tant que processus, la punition vise la diminution de la probabilité d'apparition d'un comportement, suite à la présentation contingente à l'émission de ce comportement d'un stimulus aversif ou au retrait d'un stimulus appétitif.
La procédure de punition consiste à présenter un stimulus aversif ou à retirer un stimulus appétitif de façon contingente à l'émission d'un comportement et ainsi provoquer une diminution de la probabilité ultérieure d'apparition de ce comportement.
Nous éviterons quant à nous l'emploi du terme «punition», en raison des connotations négatives qui l'entourent, et nous lui préférerons les termes «processus de diminution du comportement» ou «procédure de diminution du comportement». A bien distinguer du processus et de la procédure de renforcement négatif, qui se traduisent eux par une augmentation de la probabilité ultérieure d'apparition du comportement.

RAISONNEMENT : voir «expérimental».

RENFORÇATEUR [reinforcer] : stimulus dont la présentation après l'émission du comportement entraîne une augmentation de la probabilité ultérieure d'apparition de ce comportement.

- POSITIF [positive] - NEGATIF [negative] : par opposition au renforçateur, ou renforçateur positif, on utilise le terme de renforçateur négatif pour désigner le stimulus dont la suppression ou la réduction de façon contingente à l'émission d'une réponse augmente la probabilité d'apparition de cette réponse. Nous utiliserons, quant à nous, «stimulus aversif» au lieu de «renforçateur négatif».

- CONDITIONNE [conditionned] - INCONDITIONNE [unconditionned] : le renforçateur inconditionné est un stimulus qui est habituellement renforçant, sans que ce pouvoir renforçant ne dépende de l'apprentissage antérieur. On l'oppose ainsi au renforçateur conditionné, dont le pouvoir renforçant est fonction de l'apprentissage antérieur.

- GENERALISE [generalized] : stimulus dont le pouvoir renforçant s'étend à de nombreux comportements, suite à une association répétée à un grand nombre de renforçateurs différents. Par exemple, l'argent, les bons points.

- D'ECHANGE (back up reinforcer] : renforçateur que l'on peut obtenir en échange d'un renforçateur généralisé ou intermédiaire ou conditionné, selon des règles spécifiées à l'avance et adaptées à chaque sujet.

- PRIMAIRE [primary] - SECONDAIRE [secondary] : le renforçateur primaire est un stimulus dont le pouvoir renforçant ne dépend pas de l'apprentissage (comme la nourriture ou la boisson). On l'oppose au renforçateur secondaire, dont le pouvoir renforçant est acquis suite à l'apprentissage, c'est-à-dire par son association répétée au renforçateur primaire. Par exemple, les félicitations.

- NATUREL [natural]: renforçateur présent dans le milieu naturel du sujet et qui ne doit donc pas y être ajouté artificiellement. On l'oppose parfois à renforçateur artificiel.
- EXTRINSEQUE [extrinsic] - INTRINSEQUE [intrinsic]: le renforçateur extrinsèque est un renforçateur qui est en quelque sorte étranger au comportement renforcé; on l'oppose habituellement au renforçateur intrinsèque qui lui est naturellement associé au comportement.
- SOCIAL [social reinforcer]: renforçateur lié à la présence d'autrui, résultant de l'interaction sociale (comme le sourire, les félicitations).

RENFORCEMENT [reinforcement]: processus par lequel la probabilité d'apparition d'un comportement augmente suite à la présentation d'une renforçateur ou au retrait d'une situation aversive, immédiatement après l'émission de ce comportement.
Procédure qui consiste à présenter un renforçateur (positif) ou à supprimer une situation aversive, de façon contingente à l'émission d'un comportement et qui en augmente la probabilité ultérieure d'apparition. Dans le premier cas on parlera de « renforcement positif » et dans le second de « renforcement négatif ».
Le mot « renforcement » désigne aussi parfois le stimulus conséquent présenté. Nous préférons quant à nous utiliser le terme de « renforçateur » ou « renforçateur positif » dans le cas du processus et de la procédure de renforcement positif et de « stimulus aversif » dans le cas du processus et de la procédure de renforcement négatif.
- CONTINU, INTERMITTENT, A RAPPORT FIXE OU VARIABLE, A INTERVALLE FIXE OU VARIABLE: voir « programme de renforcement ».
- DIFFERENTIEL [differential]: processus dans lequel une réponse donnée est renforcée et non d'autres, ou processus dans lequel un comportement est renforcé dans une situation donnée et non dans d'autres situations.
La procédure de renforcement différentiel consiste donc à dispenser les stimuli conséquents, selon certaines caractéristiques du comportement ou de la situation.
• PROCEDURE DE RENFORCEMENT DIFFERENTIEL DES AUTRES COMPORTEMENTS [differential reinforcement of other behaviors]: procédure consistant à renforcer tous les comportements à l'exception de celui dont on veut diminuer la probabilité d'apparition et entraînant effectivement cette diminution.
• PROCEDURE DE RENFORCEMENT DIFFERENTIEL DES COMPORTEMENTS INCOMPATIBLES [differential reinforcement of incompatible behaviors]: procédure consistant à renforcer le(s) comportement(s) incompatible(s) avec le comportement dont on veut diminuer la probabilité d'apparition et entraînant effectivement cette diminution.
• PROCEDURE DE RENFORCEMENT DIFFERENTIEL DES COMPORTEMENTS A DEBIT LENT [differential reinforcement of low rates]: n'est pas au sens strict une procédure mais bien plutôt un programme de renforcement. Elle consiste à renforcer un comportement uniquement s'il se présente

selon une fréquence donnée, que l'on diminue progressivement en vue d'atteindre un niveau considéré comme acceptable, et entraîne de fait cette diminution.

• APPRENTISSAGE DISCRIMINATIF [discrimination] : lorsque le renforcement différentiel porte sur les caractéristiques de la situation, on parle d'apprentissage discriminatif.

La procédure d'apprentissage discriminatif consiste donc à renforcer le comportement s'il est émis en présence de certains stimuli, appelés stimuli discriminatifs [discriminative stimuli], et non d'autres; outre le renforcement différentiel, on utilisera souvent deux procédures complémentaires à savoir la mise en évidence des caractéristiques des stimuli et la facilitation de l'émission de la réponse.

A l'inverse, on parlera de la généralisation du stimulus [stimulus generalization] : voir ce terme.

REPONSE [response] : voir «comportement».

REVERSAL : voir «dessein expérimental».

SATIETE [satiation] : état dans lequel se trouve un sujet qui a reçu un grand nombre de renforçateurs, et qui se caractérise par une diminution de la fréquence d'apparition des comportements qui ont été renforcés.

La satiété apparaît surtout dans le cas d'emploi des renforçateurs primaires; elle est beaucoup moins fréquente avec les renforçateurs généralisés.

STIMULUS [stimulus] : événement mesurable de l'environnement, situé dans le corps propre ou dans l'environnement extérieur, qui peut avoir un effet sur le comportement.

Syn. : événement [event].

- ANTECEDENT [antecedent] - CONSEQUENT [consequent] : les stimuli antécédents sont ceux qui se présentent avant l'émission d'un comportement et les stimuli conséquents ceux qui suivent l'émission de ce comportement, étant entendu que très souvent les stimuli conséquents d'un comportement deviennent les stimuli antécédents du comportement qui suit.

- DISCRIMINATIF [discriminative] : stimulus en présence duquel une réponse donnée a beaucoup de chances d'être renforcée; il favorise donc l'émission de certains comportements déterminés et non d'autres.

- DELTA (Δ) [delta] : stimulus en présence duquel une réponse n'est suivie d'aucun renforçateur.

- NEUTRE [neutral] : stimulus qui ne contrôle pas le comportement d'une manière stable.

- AVERSIF [aversive] : caractéristique d'un stimulus qui diminue la probabilité d'apparition du comportement entraînant sa présentation, ou qui augmente la probabilité d'apparition du comportement conduisant à éviter, retarder ou échapper à la présentation de ce stimulus (dans le cas du processus et de la procédure de renforcement négatif).

La qualité aversive d'un stimulus n'est donc pas essentiellement fonction de sa dimension affective et subjective, mais de son influence sur la probabilité ultérieure d'apparition d'un comportement.

Nous utiliserons les termes «stimulus aversif» au lieu de «renforçateur négatif».

- RENFORÇANT [reinforcing] : stimulus présenté après l'émission d'une réponse et qui en augmente la probabilité ultérieure d'apparition.

- GENERALISATION du stimulus : voir ce terme.

STRATEGIE DE VERIFICATION DE LA CAUSALITE : voir « dessein expérimental ».

SUBSTITUTION DE SYMPTOME [symptom substitution] : conception tirée du modèle médical, en fonction de laquelle si on traite un comportement inadapté sans modifier la cause interne de ce comportement, on court le risque de voir apparaître un autre comportement inadapté, qui prend ainsi la place et se substitue au comportement traité.

SYSTEME PERSONNALISE DE FORMATION [Personnalized System of Instruction] : méthode d'enseignement mise au point par Keller, particulièrement pour l'enseignement supérieur, et qui présente cinq caractéristiques : a) possibilité pour l'étudiant de progresser à son propre rythme, b) passage d'une unité à l'autre, suite à la réussite à un niveau élevé d'une évaluation, c) les exposés éventuels ne servent que de supports motivationnels et non à la transmission de l'information, d) les documents écrits sont essentiels, tant au niveau de l'apprentissage que de l'évaluation, e) emploi de moniteurs qui assurent une interaction individuelle avec les étudiants et les renforcent.

TERMINAL [terminal] : voir « comportement ».

TIME OUT (from reinforcement) : voir « isolement ».

TOPOGRAPHIE (de la réponse, du comportement) [topography] : forme que prend la réponse ou le comportement.

TRANSFERT (de l'apprentissage) : processus dans lequel un comportement appris dans certaines conditions d'environnement apparaît aussi dans d'autres conditions. Voir aussi : généralisation du stimulus.

VALIDITE (d'une observation) [validity] : qualité d'une observation qui mesure bien ce qu'elle prétend mesurer.

VARIABLE DEPENDANTE [dependant variable] : variable dont on mesure l'évolution en fonction des changements systématiques introduits dans une autre variable, appelée la variable indépendante. Dans le cadre d'une intervention comportementale, la variable dépendante est l'objectif comportemental visé.

VARIABLE INDEPENDANTE [independant variable] : variable que l'on change systématiquement pour étudier ses effets au niveau de la variable dépendante. Dans le cadre d'une intervention comportementale, la variable indépendante est le programme d'intervention lui-même.

VARIABLE PARASITE [confounding variable] : variable non désirable et qui intervient dans un programme d'intervention, rendant difficile l'évaluation précise et correcte de ses effets. Ces variables peuvent être liées au sujet, à la tâche ou à l'environnement.

Remerciements

Extraits de :

WOLF, M.M., RISLEY, T.R. & MEES, H., Application of operant conditioning procedures to the behaviour problems of an autistic child. *Behavior Research and Therapy*, 1964, *1*, 305-312. Copyright 1964 by Pergamon Press Ltd.

HALL, V.R., COPELAND, R. et CLARK, M., Management strategies for Teachers and Parents: Responsive Teaching. In HARING, N.G. & SCHIEFELBUSCH, R.L., *Teaching special children*. New York, McGraw-Hill, 1976, 157-196. Copyright 1976 by McGraw-Hill.

GELFAND, D.M. & HARTMANN, D.P., *Child Behavior Analysis and Therapy*. New York, Pergamon Press, 1975. Copyright 1975 by Pergamon Press Ltd.

THARP, R.G. & WETZEL, R.J., *Behavior Modification in the natural environnement*. New York, Academic Press, 1969. Copyright 1969 by Academic Press.

FOXX, R.M. & AZRIN, N.H., *Toilet training the retarded*. Champaign, Ill. Research Press, 1973. Copyright 1973 by Research Press. Reproduit avec l'aimable autorisation de Research Press.

SLOANE, H.N., *Classroom Management. Remediation and Prevention*. New York, Wiley & Sons, 1976. Copyright 1976 by Wiley & Sons. Reproduit avec la permission de Wiley & Sons, Inc.

GARDNER, W.I., *Children with learning and behavior problems. A behavior management approach*. Boston, Allyn & Bacon, Inc., 1974. Copyright 1974 by Allyn & Bacon, Inc. Reproduit avec la permission d'Allyn & Bacon, Inc.

COTE, R. & PLANTE, J., *Analyse et Modification du comportement*. Montréal, Beauchemin, 1976. Copyright 1978, Beauchemin.

HALL, V.R., CRISTLER, C., CRANSTON, S.S. & TUCKER, B., Teachers and parents as researchers using baseline designs. *Journal of Applied Behavior Analysis*, 1970, *3*, 247-255. Copyright 1970 by the Society for the Experimental Analysis of Behavior, Inc.

MOORE, B.L. & BAILEY, J.S., Social punishment in the modification of a preschool child's «autistic-like» behavior with a mother as therapist. *Journal of Applied Behavior Analysis*, 1973, *6*, 497-507. Copyright 1973 by the Society for the Experimental Analysis of Behavior, Inc.

MILLER, S.J. & SLOANE, H.N., The generalization effects of parent training across stimulus settings. *Journal of Applied Behavior Analysis*, 1976, *9*, 353-370. Copyright 1976 by the Society for the Experimental Analysis of Behavior, Inc.

BORNSTEIN, P.H. & QUENVILLON, R.P., The effects of self-instructional package on overactive preschool boys. *Journal of Applied Behavior Analysis*, 1976, *9*, 179-188. Copyright 1976 by the Society for the Experimental Analysis of Behavior, Inc.

HARTMANN, D.P. & HALL, R.V., The changing criterion design. *Journal of Applied Behavior Analysis*, 1976, *9*, 527-532. Copyright 1976 by the Society for the Experimental Analysis of Behavior, Inc.

PHILLIPS, E.L., Achievement Place: Token reinforcement procedures in a home-style rehabilitation setting for «pre-delinquent» boys. *Journal of Applied Behavior Analysis*, 1968, *1*, 213-223. Copyright 1968 by the Society for the Experimental Analysis of Behavior, Inc.

Table des matières

INTRODUCTION 7

CHAPITRE 1
L'éducation comportementale clinique. Quelques exemples en guise d'introduction 11

CHAPITRE 2
Principes de l'éducation comportementale clinique 23

CHAPITRE 3
Fixation des priorités éducatives 35

CHAPITRE 4
Des priorités éducatives aux objectifs. Comment définir les objectifs? .. 47

CHAPITRE 5
Comment observer et mesurer le comportement? 53

CHAPITRE 6
Analyse fonctionnelle et choix des procédures d'intervention 69

CHAPITRE 7
Comment augmenter l'émission d'un comportement? 75

CHAPITRE 8
Comment apprendre un nouveau comportement? 85

CHAPITRE 9
Comment diminuer l'émission d'un comportement? 93

CHAPITRE 10
Comment modifier le lien entre le stimulus et le comportement? 103

CHAPITRE 11
Comment programmer le maintien du comportement et la généralisation des stimuli? 115

CHAPITRE 12
Comment mettre au point et appliquer un programme d'éducation comportementale? 123

CHAPITRE 13
Les stratégies de vérification de la causalité. 131

CHAPITRE 14
Comment faire le rapport d'une intervention comportementale? 143

CHAPITRE 15
A propos de quelques critiques adressées à l'éducation comportementale clinique 147

CHAPITRE 16
Approche comportementale des handicaps et des inadaptations. 155

CHAPITRE 17
L'approche comportementale appliquée à des groupes 163

CONCLUSION 173

BIBLIOGRAPHIE 177

ANNEXE 1
Pour en savoir davantage sur l'approche comportementale et l'éducation comportementale clinique 181

ANNEXE 2
Lexique 185

Remerciements 201

PSYCHOLOGIE ET SCIENCES HUMAINES
collection publiée sous la direction de MARC RICHELLE

1. Dr Paul Chauchard
   LA MAITRISE DE SOI, *9ᵉ éd.*
5. François Duyckaerts
   LA FORMATION DU LIEN SEXUEL, *9ᵉ éd.*
7. Paul-A. Osterrieth
   FAIRE DES ADULTES, *16ᵉ éd.*
9. Daniel Widlöcher
   L'INTERPRETATION DES DESSINS D'ENFANTS, *9ᵉ éd.*
11. Berthe Reymond-Rivier
    LE DEVELOPPEMENT SOCIAL DE L'ENFANT ET DE L'ADOLESCENT, *9ᵉ éd.*
12. Maurice Dongier
    NEVROSES ET TROUBLES PSYCHOSOMATIQUES, *7ᵉ éd.*
15. Roger Mucchielli
    INTRODUCTION A LA PSYCHOLOGIE STRUCTURALE, *3ᵉ éd.*
16. Claude Köhler
    JEUNES DEFICIENTS MENTAUX, *4ᵉ éd.*
21. Dr P. Geissmann et Dr R. Durand
    LES METHODES DE RELAXATION, *4ᵉ éd.*
22. H. T. Klinkhamer-Steketée
    PSYCHOTHERAPIE PAR LE JEU, *3ᵉ éd.*
23. Louis Corman
    L'EXAMEN PSYCHOLOGIQUE D'UN ENFANT, *3ᵉ éd.*
24. Marc Richelle
    POURQUOI LES PSYCHOLOGUES?, *6ᵉ éd.*
25. Lucien Israel
    LE MEDECIN FACE AU MALADE, *5ᵉ éd.*
26. Francine Robaye-Geelen
    L'ENFANT AU CERVEAU BLESSE, *2ᵉ éd.*
27. B.F. Skinner
    LA REVOLUTION SCIENTIFIQUE DE L'ENSEIGNEMENT, *3ᵉ éd.*
28. Colette Durieu
    LA REEDUCATION DES APHASIQUES
29. J.C. Ruwet
    ETHOLOGIE: BIOLOGIE DU COMPORTEMENT, *3ᵉ éd.*
30. Eugénie De Keyser
    ART ET MESURE DE L'ESPACE
32. Ernest Natalis
    CARREFOURS PSYCHOPEDAGOGIQUES
33. E. Hartmann
    BIOLOGIE DU REVE
34. Georges Bastin
    DICTIONNAIRE DE LA PSYCHOLOGIE SEXUELLE
35. Louis Corman
    PSYCHO-PATHOLOGIE DE LA RIVALITE FRATERNELLE
36. Dr G. Varenne
    L'ABUS DES DROGUES
37. Christian Debuyst, Julienne Joos
    L'ENFANT ET L'ADOLESCENT VOLEURS
38. B.-F. Skinner
    L'ANALYSE EXPERIMENTALE DU COMPORTEMENT, *2ᵉ éd.*
39. D.J. West
    HOMOSEXUALITE
40. R. Droz et M. Rahmy
    LIRE PIAGET, *3ᵉ éd.*
41. José M.R. Delgado
    LE CONDITIONNEMENT DU CERVEAU ET LA LIBERTE DE L'ESPRIT
42. Denis Szabo, Denis Gagné, Alice Parizeau
    L'ADOLESCENT ET LA SOCIETE, *2ᵉ éd.*
43. Pierre Oléron
    LANGAGE ET DEVELOPPEMENT MENTAL, *2ᵉ éd.*
44. Roger Mucchielli
    ANALYSE EXISTENTIELLE ET PSYCHOTHERAPIE PHENOMENO-STRUCTURALE

45 Gertrud L. Wyatt
   LA RELATION MERE-ENFANT ET L'ACQUISITION DU LANGAGE, 2ᵉ éd.
46 Dr Etienne De Greeff
   AMOUR ET CRIMES D'AMOUR
47 Louis Corman
   L'EDUCATION ECLAIREE PAR LA PSYCHANALYSE
48 Jean-Claude Benoit et Mario Berta
   L'ACTIVATION PSYCHOTHERAPIQUE
49 T. Ayllon et N. Azrin
   TRAITEMENT COMPORTEMENTAL EN INSTITUTION PSYCHIATRIQUE
50 G. Rucquoy
   LA CONSULTATION CONJUGALE
51 R. Titone
   LE BILINGUISME PRECOCE
52 G. Kellens
   BANQUEROUTE ET BANQUEROUTIERS
53 François Duyckaerts
   CONSCIENCE ET PRISE DE CONSCIENCE
54 Jacques Launay, Jacques Levine et Gilbert Maurey
   LE REVE EVEILLE-DIRIGE ET L'INCONSCIENT
55 Alain Lieury
   LA MEMOIRE
56 Louis Corman
   NARCISSISME ET FRUSTRATION D'AMOUR
57 E. Hartmann
   LES FONCTIONS DU SOMMEIL
58 Jean-Marie Paisse
   L'UNIVERS SYMBOLIQUE DE L'ENFANT ARRIERE MENTAL
59 Jacques Van Rillaer
   L'AGRESSIVITE HUMAINE
60 Georges Mounin
   LINGUISTIQUE ET TRADUCTION
61 Jérôme Kagan
   COMPRENDRE L'ENFANT
62 Michael S. Gazzaniga
   LE CERVEAU DEDOUBLE
63 Paul Cazayus
   L'APHASIE
64 X. Seron, J.L. Lambert, M. Van der Linden
   LA MODIFICATION DU COMPORTEMENT
65 W. Huber
   INTRODUCTION A LA PSYCHOLOGIE DE LA PERSONNALITE, 2ᵉ éd.
66 Emile Meurice
   PSYCHIATRIE ET VIE SOCIALE
67 J. Château, H. Gratiot-Alphandéry, R. Doron et P. Cazayus
   LES GRANDES PSYCHOLOGIES MODERNES
68 P. Sifnéos
   PSYCHOTHERAPIE BREVE ET CRISE EMOTIONNELLE
69 Marc Richelle
   B.F. SKINNER OU LE PERIL BEHAVIORISTE
70 J.P. Bronckart
   THEORIES DU LANGAGE
71 Anika Lemaire
   JACQUES LACAN, 2ᵉ éd. revue et augmentée
72 J.L. Lambert
   INTRODUCTION A L'ARRIERATION MENTALE
73 T.G.R. Bower
   DEVELOPPEMENT PSYCHOLOGIQUE DE LA PREMIERE ENFANCE
74 J. Rondal
   LANGAGE ET EDUCATION
75 Sheila Kitzinger
   PREPARER A L'ACCOUCHEMENT
76 Ovide Fontaine
   INTRODUCTION AUX THERAPIES COMPORTEMENTALES
77 Jacques-Philippe Leyens
   PSYCHOLOGIE SOCIALE, 2ᵉ éd.

78 Jean Rondal
VOTRE ENFANT APPREND A PARLER
79 Michel Legrand
LE TEST DE SZONDI
80 H.J. Eysenck
LA NEVROSE ET VOUS
81 Albert Demaret
ETHOLOGIE ET PSYCHIATRIE
82 Jean-Luc Lambert et Jean A. Rondal
LE MONGOLISME
83 Albert Bandura
L'APPRENTISSAGE SOCIAL
84 Xavier Seron
APHASIE ET NEUROPSYCHOLOGIE
85 Roger Rondeau
LES GROUPES EN CRISE ?
86 J. Danset-Léger
L'ENFANT ET LES IMAGES DE LA LITTERATURE ENFANTINE
87 Herbert S. Terrace
NIM, UN CHIMPANZE QUI A APPRIS LE LANGAGE GESTUEL
88 Roger Gilbert
BON POUR ENSEIGNER ?
89 Wing, Cooper et Sartorius
GUIDE POUR UN EXAMEN PSYCHIATRIQUE
90 Jean Costermans
PSYCHOLOGIE DU LANGAGE
91 Françoise Macar
LE TEMPS, PERSPECTIVES PSYCHOPHYSIOLOGIQUES
92 Jacques Van Rillaer
LES ILLUSIONS DE LA PSYCHANALYSE, 2º éd.
93 Alain Lieury
LES PROCEDES MNEMOTECHNIQUES
94 Georges Thinès
PHENOMENOLOGIE ET SCIENCE DU COMPORTEMENT
95 Rudolph Schaffer
COMPORTEMENT MATERNEL
96 Daniel Stern
MERE ET ENFANT, LES PREMIERES RELATIONS
97 R. Kempe & C. Kempe
L'ENFACE TORTUREE
98 Jean-Luc Lambert
ENSEIGNEMENT SPECIAL ET HANDICAP MENTAL
99 Jean Morval
INTRODUCTION A LA PSYCHOLOGIE DE L'ENVIRONNEMENT
100 Pierre Oleron et al.
SAVOIRS ET SAVOIR-FAIRE PSYCHOLOGIQUES CHEZ L'ENFANT
101 Bernard I. Murstein
STYLES DE VIE INTIME
102 Rondal/Lambert/Chipman
PSYCHOLINGUISTIQUE ET HANDICAP MENTAL
103 Brédart/Rondal
L'ANALYSE DU LANGAGE CHEZ L'ENFANT
104 David Malan
PSYCHODYNAMIQUE & PSYCHOTHERAPIE INDIVIDUELLE
105 Philippe Muller
WAGNER PAR SES REVES
106 John Eccles
LE MYSTERE HUMAIN
107 Xavier Seron
REEDUQUER LE CERVEAU
108 Moreau/Richelle
L'ACQUISITION DU LANGAGE
109 Georges Nizard
ANALYSE TRANSACTIONNELLE ET SOIN INFIRMIER
110 Howard Gardner
GRIBOUILLAGES ET DESSINS D'ENFANTS, LEUR SIGNIFICATION

111 Wilson/Otto
LA FEMME MODERNE ET L'ALCOOL
112 Edwards
DESSINER GRACE AU CERVEAU DROIT
113 Rondal
L'INTERACTION ADULTE-ENFANT
114 Blancheteau
L'APPRENTISSAGE CHEZ L'ANIMAL
115 Boutin
FORMATION ET DEVELOPPEMENTS
116 Húsen
L'ECOLE EN QUESTION
117 Ferrero/Besse
L'ENFANT ET SES COMPLEXES
118 R. Bruyer
LE VISAGE ET L'EXPRESSION FACIALE
119 J.P. Leyens
SOMMES-NOUS TOUS DES PSYCHOLOGUES?
120 J. Château
L'INTELLIGENCE OU LES INTELLIGENCES?
121 M. Claes
L'EXPERIENCE ADOLESCENTE
122 J. Hayes et P. Nutman
COMPRENDRE LES CHOMEURS
123 S. Sturdivant
LES FEMMES ET LA PSYCHOTHERAPIE
124 A. Pomerleau et G. Malcuit
L'ENFANT ET SON ENVIRONNEMENT
125 A. Van Hout et X. Seron
L'APHASIE DE L'ENFANT
126 A. Vergote
RELIGION, FOI, INCROYANCE

Hors collection

Paisse
PSYCHOPEDAGOGIE DE LA LUCIDITE
Paisse
ESSENCE DU PLATONISME
Collectif
SYSTEME AMDP
Boulangé/Lambert
LES AUTRES, L'EXPRESSION ARTISTIQUE CHEZ LES HANDICAPES MENTAUX

Manuels et Traités

2 Thinès
PSYCHOLOGIE DES ANIMAUX
3 Paulus
LA FONCTION SYMBOLIQUE ET LE LANGAGE
4 Richelle
L'ACQUISITION DU LANGAGE
5 Paulus
REFLEXES-EMOTIONS-INSTINCTS
Droz-Richelle
MANUEL DE PSYCHOLOGIE
Hurtig-Rondal
MANUEL DE PSYCHOLOGIE DE L'ENFANT (Tome 1)
Hurtig-Rondal
MANUEL DE PSYCHOLOGIE DE L'ENFANT (Tome 2)
Hurtig-Rondal
MANUEL DE PSYCHOLOGIE DE L'ENFANT (Tome 3)
Rondal-Seron
LES TROUBLES DU LANGAGE (DIAGNOSTIC ET REEDUCATION)